「現代大藏經」
Modern Buddhist Tripitaka *T.M.*
第 23 輯 ： 雜集部叢書-第 1： 禪宗
Mix Series # V23-M01-01-AC

国际书号 ISBN: 1-453785035

Chan of CEO-1

企业禅

當代禪商及企業家的宏觀常識

編撰 ： 強梵暢

Commentator : Victor Chiang

國際佛教大藏經編譯中心 編譯
International Buddhist Translation Center
佛教大藏經基金会 出版
Published by Buddhist Tripitaka Foundation
2555 Huntington Dr., # D, San Marino , California 91108 USA
http://picasaweb.google.com/tripitakacenter

自歸依法 當願眾生 深入經藏 智慧如海

Modern
Buddhist
Tripitaka

現代
大藏經

佛教世界化・佛法國際化
佛經簡易化・佛律大眾化・佛論普及化
中國江蘇常州菩薩戒弟子強梵暢恭編

ThldI
领导力培训专家

清華大學

中华国学再造领导力
企业家高级研修班 讲义

入 世 的 禅 商

CHAN OF CEO

编讲人：强梵暢
Edited by Victor Chiang

中国北京大学宗教学系 兼任研究员
Research Fellow
Department of Religious Studies
Peking University , Beijing , China

CCEO-A0-01   Tsinghua University Training of Leadership

企业禅（入世的禅商）
总目录

第七章：名利观

A7　　Vision of Fame

第一讲：理无碍 （学习次第）A7B1

Theory　　Stage

1、儒家论名

2、道家论名

3、佛家论名

4、杂家论名

5、杂家论名

第二讲：事无碍 （实践次第）A7B2

Practice　　Stage

6、儒家论利

7、道家论利

8、佛家论利

9、杂家论利

10、杂家论利

第三讲：理事无碍 （证成次第）A7B3

Judgment　　Stage

11、西方理想

12、西方学说

13、西方观点

14、西方现实

15、西方趋势

第四讲：事事无碍 （圆满次第）A7B4

Achievement　Stage

16、东方理想

17、东方学说

18、东方观点

19、东方现实

20、东方趋势

第八章：福德观

A8　　Vision of Virtue

第一讲：理无碍 （学习次第）A8B1

Theory　Stage

1、因缘观念

2、业力观念

3、因果观念

4、轮回观念

5、中道观念

第二讲：事无碍（实践次第）A8B2

Practice　　Stage

6、消灾观念

7、积福观念

8、利他观念

9、随缘观念

10、感恩观念

第三讲：理事无碍 （证成次第）

A8B3　　Judgment Stage

11、善恶观念

12、平等观念

13、情执观念

14、我执观念

15、法执观念

第四讲：事事无碍 （圆满次第）A8B4

Achievement　Stage

16、生死观念

17、正邪观念

18、罪福观念

19、苦乐观念

20、迷悟观念

第九章：社会观

A9　　Vision of Society

第一讲：理无碍 （学习次第）A9B1

Theory　　Stage

1、人口问题

2、教育问题

3、就业问题

4、居住问题

5、医疗问题

学习观 A1

修养观 A2

世界观 A10

工作观 A3

社会观 A9

CEO'S MIND
企业家的禅心能包太虚
三界唯心
万法唯识

创业观 A4

思想观 A8

B1、理无碍法界

人际观 A5

金钱观 A7

家庭观 A6

B2、事无碍法界

B3、理事无碍法界

B4、事事无碍法界

梵暢设计
3/17/2007

A、课程章节大纲 Outline

（10章）

- 第一章：学习观
  A1   Vision of Study
- 第二章：修养观
  A2   Vision of Conduct
- 第三章：工作观
  A3   Vision of Work
- 第四章：创业观
  A4   Vision of Business
- 第五章：人际观
  A5   Vision of Human

- 第六章：策略观
  A6   Vision of Strategy
- 第七章：名利观
  A7   Vision of Fame
- 第八章：福德观
  A8   Vision of Virtue
- 第九章：社会观
  A9   Vision of Society
- 第十章：世界观
  A10   Vision of World

B、课程次第大纲 Outline
（4讲）

- # 第一讲：理无碍 （学习次第）
  # B1　　Theory　Stage

- # 第二讲：事无碍 （实践次第）
  # B2　　Practice　Stage

- # 第三讲：理事无碍 （证成次第）
  # B3　　Judgment　Stage

- # 第四讲：事事无碍 （圆满次第）
  # B4　　Achievement　Stage

C、课程单元大纲 Outline
(40单元）（A+B）

编号	次第观点	理无碍 B1	事无碍 B2	理事无碍 B3	事事无碍 B4
A1	学习观	1 人生基础 2 语文基础 3 专业基础 4 科技基础 5 法律基础	6 生活文化 7 艺术文化 8 民族文化 9 社会文化 10 宗教文化	11 人文科学 12 社会科学 13 自然科学 14 生命科学 15 宗教科学	16 伦理哲学 17 经济哲学 18 政治哲学 19 人生哲学 20 宗教哲学
A2	修养观	1 调身方法 2 调气方法 3 调息方法 4 调病方法 5 调压方法	6 修心要点 7 修止要点 8 修观要点 9 修气要点 10 修禅要点	11 儒家修养 12 道家修养 13 医家修养 14 佛家修养 15 杂家修养	16 儒家境界 17 道家境界 18 佛家境界 19 综合境界 20 综合境界

C、课程单元大纲 Outline
(40单元）（A+B）

编号	次第观点	理无碍 B1	事无碍 B2	理事无碍 B3	事事无碍 B4
A3	工作观	1 守时态度 2 守法态度 3 守业态度 4 守钱态度 5 守密态度	6 乐观心态 7 进取心态 8 协助心态 9 合作心态 10 共享心态	11 参谋作业 12 策划作业 13 主办作业 14 检讨作业 15 整合作业	16 销售工作 17 管理工作 18 服务工作 19 研究工作 20 公共工作
A4	创业观	1 创业条件 2 创业时机 3 创业方式 4 创业理想 5 创业风险	6 经营理念 7 经营关系 8 经营方式 9 经营管理 10 经营决策	11 企业品牌 12 企业信誉 13 企业文化 14 企业道德 15 企业成败	16 市场策略 17 市场竞争 18 市场危机 19 市场兼并 20 市场调查

C、课程单元大纲 Outline
(40单元）（A+B）

编号	次第观点	理无碍 B1	事无碍 B2	理事无碍 B3	事事无碍 B4
A 5	人际观	1 知人态度 2 知人方法 3 知人原则 4 知人技巧 5 知人要道	6 用人态度 7 用人方法 8 用人原则 9 用人技巧 10 用人要道	11 御人态度 12 御人方法 13 御人原则 14 御人技巧 15 御人要道	16 服人态度 17 服人方法 18 服人原则 19 服人技巧 20 服人要道
A 6	策略观	1 斗智原理 2 高远原理 3 先制原理 4 主动原理 5 因应原理	6 顺反原理 7 全知原理 8 虚实原理 9 阴阳原理 10 矛盾原理	11 诡变原理 12 用机原理 13 奇正原理 14 变通原理 15 用敌原理	16 神秘原理 17 对动原理 18 时机原理 19 其他原理 20 其他原理

C、课程单元大纲 Outline
(40单元）（A+B）

编号	次第观点	理无碍 B1	事无碍 B2	理事无碍 B3	事事无碍 B4
A7	名利观	1 儒家论名 2 道家论名 3 佛家论名 4 杂家论名 5 杂家论名	6 儒家论利 7 道家论利 8 佛家论利 9 杂家论利 10 杂家论利	11 西方理想 12 西方学说 13 西方观点 14 西方现实 15 西方趋势	16 东方理想 17 东方学说 18 东方观点 19 东方现实 20 东方趋势
A8	福德观	1 因缘观念 2 业力观念 3 因果观念 4 轮回观念 5 中道观念	6 消灾观念 7 积福观念 8 利他观念 9 随缘观念 10 感恩观念	11 善恶观念 12 平等观念 13 情执观念 14 我执观念 15 法执观念	16 生死观念 17 正邪观念 18 罪福观念 19 苦乐观念 20 迷悟观念

C、课程单元大纲 Outline
(40单元）（A+B）

编号	第 次 观点	理无碍 B1	事无碍 B2	理事无碍 B3	事事无碍 B4
A 9	社会观	1 人口问题 2 教育问题 3 就业问题 4 居住问题 5 医疗问题	6 农业问题 7 贫富问题 8 法治问题 9 犯罪问题 10 娼妓问题	11 精神问题 12 药物问题 13 福利问题 14 老年问题 15 青年问题	16 环保问题 17 家庭问题 18 种族问题 19 慈善问题 20 宗教问题
A 10	世界观	1 国际人才 2 国际学术 3 国际科技 4 国际发明 5 国际资讯	6 国际经济 7 国际金融 8 国际贸易 9 国际企业 10 国际环保	11 国际兼并 12 国际互助 13 国际服务 14 国际慈善 15 国际卫生	16 国际法律 17 国际组织 18 国际外交 19 国际政治 20 国际军事

本讲稿:10 大章 / 4 大讲/40 单元 / 200 小节 / 2000 精选目 / 全讲、选讲均可(http://picasaweb.google.com/cceo55)

Thldl
领导力培训专家

清華大學

中华国学再造领导力
企业家高级研修班 讲义

企 业 禅

第一章：第一讲 理无碍

学 习 观

编讲人：强梵暢
Edited by Victor Chiang

中国北京大学宗教学系 兼任研究员
Research Fellow
Department of Religious Studies
Peking University, Beijing, China

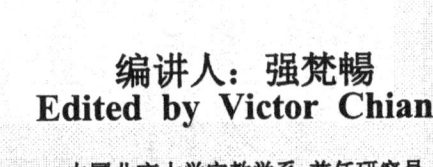
清華大學 领导力培训项目网
Tsinghua University Training of Leadership

第一章 学习观 总纲目

第一讲 理无碍

人生
基础
语文
基础
专业
基础
科技
基础
法律
基础

第二讲 事无碍

生活
文化
艺术
文化
民族
文化
社会
文化
宗教
文化

第三讲 理事无碍

人文
科学
社会
科学
自然
科学
生命
科学
宗教
科学

第四讲 事事无碍

伦理
哲学
经济
哲学
政治
哲学
人生
哲学
宗教
哲学

◆ *1、基本学习*

（1）稚年主养性（2）幼年主养正（3）少年主养志（4）青年主养德（5）壮年主养家（6）中年主养功（7）盛年主养业（8）老年主养教

（9）晚年主养言（10）暮年主养福

◆ *2、语文学习*

（1）母语的学习（2）古汉文学习（3）今汉语学习（4）外语的学习（5）翻译的学习（6）口语的学习（7）演讲的学习（8）辩证的学习

（9）论著的学习（10）评论的学习

◆ *3、专业学习*

（1）专业的重要（2）专业的热忱（3）专业的思考（4）专业的猜研（5）专业的挑战（6）专业的远教（7）专业与科学（8）专业的竞争

（9）专业的经济（10）朱院长的话

◆ *4、科技学习*

（1）科技的基础（2）科技的认知（3）科技的方法（4）科技的资讯（5）科技的普及（6）科技的学习（7）科技的工作（8）科技的研究

（9）科技的应用（10）科技的成就

◆ *5、法律学习*

（1）法律的定义（2）法律的产生（3）法律的本质（4）法律的特征（5）法律的职能（6）法律的适用（7）法律的效力（8）法律的解释

（9）法律的事实（10）法律的服务

第一章：学习观 Study Vision
第一讲：理无碍 Theory Stage（学习次第）**1、基本学习**

(1) 稚年主养性

有些人的事业开始很早，甚至从出生以前就开始了。事实上，所谓的事业的成功是没有绝对的，全视个人的希望与需要而定。心智、情绪、精神、心理、物质、品德发展，与家庭、友谊、个人成就互相关联、互相影响。（以身教家教培养儿童的个性）（0岁-3岁）

(2) 幼年主养正

小孩上学时，所专长的科目无疑会导引他走向自己的事业方向。训练会在不知不觉中能影响人的态度、看法及思考程序，所以，事业的基础早在我们成熟得能够明白来龙去脉以前就奠定了。基础奠定后，会开始计划未来。（学校教育培养道德品行）（4岁-13岁）

(3) 少年主养志

当我们完成基本教育后，有些年轻人会到商店当售货员；有的人则继续全力投入另一阶段的教育；有的人则早早结婚生子；也有的人选择去当学徒。此时期的任何工读工作，为他们提供日后有用的工作经验。处在这个青少年后期的阶段中，年轻人会发现自己的兴趣、性向、才能和缺点，他们会把一些事业有成的人当成自己的榜样。日后的工作习惯和态度，也都是在这个时期建立的。（培养立志）（13-19岁）

(4) 青年主养德

年轻人必须吸收新的价值、习惯、传统及团体中的阶级秩序，努力寻求他人的接纳。此外，他们必须学习一般的规矩，以求受人赏识，如此才可能被提拔到更有趣、更有权、更多报酬的高价职位。想要创建一番事业的人，就必须在工作生涯的第一个阶段内获致必要的技巧。以心理方面来说，这个阶段的特征是自信的成长。年轻人为前途选择行业。（培养社会责任感）（20-30岁）（30而立）

(5) 壮年主养家

到三十、四十岁，当事业形态大抵建立，也有了它的方向动力。到事业稳固之后，人通常也已发展出独立的个人生活，家庭和家人对他们愈来愈重要；这种时期，表现是最重要的，所负担的责任会愈来愈重，并需要使用特殊的技巧和能力。另外，也要相当费心改进工作绩效；各方对他们的未来有高度期望，担任高层角色的人，必须在通才或专才的事业道路中做个选择，要重新衡量其事业，重新决定。（成家立业）（30-40岁）（40而不惑）

第一章：学习观 Study Vision

第一讲：理无碍 Theory Stage（学习次第）**1、基本学习**

(6) 中年主养功

成功的人可以享受这段时间一直持续到退休的时候。这个阶段的人，常需要对政治性质做个评断，这评断或许包括价值和政策困难抉择。此外，他们也应考虑长期的发展范围。事业不成功的人，到这个阶段就会面临回异的调适。（人生的立功）（40-50岁）（50知天命）

(7) 盛年主养业

这时期的人，必须依据当时的实际情况重定个人事业的目标，因为这时，想要更换工作比较困难，大多数的雇主，通常不会给年纪大的人机会。担任事业或主管人员则会因不断接受挑战，而获得新的能力。（奠定事业的基础或政界的顶峰）（50-60岁）（60而耳顺）

(8) 老年主养教

乐于帮助别人发展其才能，但他们也可以继续求取新能力。在实际方面，这时期的人必须决定钱财、住房、退休等问题。他们可能比以前更投入地方社区活动。原则和价值对这时期的人比较重要。（培养接班人）（60-70岁）（70从心所欲不越矩）

(9) 晚年主养言

寻找自我满足的嗜好很重要。因为人会太容易退化而无法再进步。走到这个阶段的人会发现，他们的生活已较少受儿女的需求及工作压力所左右，他们往往有时间沉思或做其他追求。（立言的最好阶段，著述立说名传千秋）（70-80岁）

(10) 暮年主养福

这个阶段是一个颇为安宁的时期。积福之家，必有余庆。安养天年，再造人生。（80岁以上）

第一章：学习观 Study Vision

第一讲：理无碍 Theory Stage（学习次第）**2、语文学习**

（1）*母语的学习*

孩子3岁以后，就能说比较完整的句子了，而且一些有连词的复杂句，他也逐渐运用自如了。他开始进入语言发展的一个新阶段。3岁以后，孩子的语言逐渐丰富和复杂起来。他们不仅学会了更多的词汇，各种句型和一些修辞手法，而且能理解一些言外之意、弦外之音了，并且越来越懂得根据说话的对象和场合调整自己的话语。随着孩子对语言逐渐运用自如，也开始"玩"语，特别重视母语的训练。

（2）*古汉文学习*

古代先贤们高瞻远瞩，不约而同地选择四书五经及老庄等重要经典为主要教材，并以历代公认的优美古文诗词等为辅佐教材，来教导儿童反复熟读，进而鼓励其背诵。如此充分发挥其记忆力的特长，背诵最有价值的经典，趁他心性纯净时，常常耳濡目染于圣贤光明正大的智慧思想之中，潜移默化其气质，更能看懂古籍。

（3）*今汉语学习*

现代汉语（普通话）与古汉语又有一些区别。现在中国国力日强，不但自己国民要学好汉语，而且全世界都在学汉语，现在中国第二代尤其是海外华裔子弟的汉语能力，尤须重视。

（4）*外语的学习*

世界的全球化趋势、国与国、人民与人民间的距离也越来越近。世界各国的教育都有外语（第二外国语）的必须修学要求。汉语与英语将是全球使用最多的语言，所以双语、外语的学习，格外重要。

（5）*翻译的学习*

汉语虽然已引起全球的重视，但要把中华五千年的历史文化与世界交流，则需要大量的翻译工作，所以，从小培养儿童、青年学生使用外语的能力，尤其要培养一批学术界的翻译学者更为重要。

第一章：学习观 Study Vision

第一讲：理无碍 Theory Stage（学习次第）**2、语文学习**

(6) 口语的学习

口语是交流的工具，国际会议、交流，各行各业均需要能说流利双语的人才，培养口语的能力，很重要。

(7) 演讲的学习

美国有专门训练演讲的"健言社"及训练正式场合演讲的各种培训，无论大小场合，正式或非正式的场合，演讲的技巧及语言的使用，往往成为政治场合、社交场合的重要表现。

(8) 辩证的学习

辩论的学习及训练，是对人脑及思维逻辑的最好训练。年青人一定要学习逻辑辩证的方法，尤其现在世界邪说横行，政客的各种误导，恶意的中伤，对国家民族利益的辩护，均须要有辩证的素养。

(9) 论著的学习

学术界最重视的是学术研究的成果，美国在中学开始，就训练学生写作报告、论文等要求；尤其鼓励有创见、创造或想象或实证等各种论著的学习。这对培养国家的学术水平很有助益，应加强要求。

(10) 评论的学习

培养评论的人才，是促进社会进步的中心。但必须中立、客观；现在许多人在部落格上随便发表评论这是要重视。"评论"与"个人论点"要区分清楚，否则成为社会的乱源。美国例子，哈佛法学院每班成绩最优异的二十名学生，可以荣任哈佛法律评论（Harvard Law Review）的编辑，其他的学生亦可竞争剩余的十名空额。这本具有84年历史的定期性刊物，登载之高水准论文，均系由著名的法律教授及律师所著述，但却完全由法律学院的学生负责编辑，而不受教授的管制，学生之论文有时亦可在此本期刊上发表，有一令人惊奇的事实，即此份由学生编辑的定期刊物，竟被法律界公认为高水准的学术性期刊，而且大多数美国第一流的法律期刊，亦均系由学生编辑，而由法律学院出版。

第一章：学习观 Study Vision

第一讲：理无碍 Theory Stage（学习次第） 3、专业学习

（1）专业的重要

专业基础知识学习的如何，不但会直接影响专业课与其他后续课的学习，同时对专业人才的培养质量，以及他们走上工作岗位的工作情况也产生着深远影响。正确认识专业基础知识在人才培养质量中的作用，使每个大学生毕业后都能适应新技术革命的发展、市场经济的竞争及知识经济的挑战要求。

（2）专业的热忱

作为一名大学生在确立了个人的专业方向，坚信"行行出状元"，就应以积极热忱的态度投入于专业基础知识的学习。才会获得广泛的收益，奠定良好的专业知识基础。这正如爱迪生所说："有史以来，没有任何一件伟大的事业不是因为热忱而成功的。"

（3）专业的思考

爱因斯坦说："学习知识要善于思考。思考，思考，再思考，我就是靠这个学习方法成为科学家的。"又说："我并没有什么特殊的才能，我只不过是喜欢寻根问底地追求问题罢了。"要善于思考，要有好奇心。因为只有善于思考，才能深入理解所学基本概念、基本原理的深刻内涵；只有好奇心，只有打破沙锅问到底的精神，才能弄清基本概念、基本理论的来龙去脉与逻辑上的发展关系，并抽象地把握专业基础知识的理论体系。

（4）专业的猜研

著名物理学家、诺贝尔奖获得者杨振宁先生深有体会地说："在所有物理和数学的最前沿的研究工作，很大一部分要花在猜想上。当然这并不是说可以乱猜，猜必须建筑在过去的一些知识上面，你过去的知识越正确越广泛，那么测到正确答案的可能性就越大。"由此可以看出，专业基础知识的掌握状况，对人才在基础研究与应用研究上的影响是十分深远的。

（5）专业的挑战

大学毕业生无论进入企业或科研单位，都面临科技创新与知识创新的挑战，都要承担基础研究或应用研究的创新任务，都要面临应用大学期间所学专业知识与专业基础知识于科技实践的检验。而且，无数基础研究与应用研究的实践表明，凡是在科学技术研究上有创新能力的人才，大都是那些在大学期间专业基础知识雄厚、扎实，专业知识面宽且精练的学子。

第一章：学习观 Study Vision
第一讲：理无碍 Theory Stage（学习次第）**3、专业学习**

(6) 专业的远教

为了把握科学技术的发展脉搏，大学生不仅要认真学习学校安排的专业基础课程，还应利用网络技术与远程教育主动在"网页"上开展专业基础知识的学习，吸取国内外同行优秀教师的讲授之长，了解专业基础理论知识的前沿研究动态，借以丰富并提高个人专业基础知识的水平和专业素质，为毕业后进行知识与技术上的创新创造更为理想的前提。

(7) 专业与科学

科学技术综合与融合交叉的发展特点要求专业人才必须有宽厚的专业基础知识和专业知识与之相适应。科学技术的高度分化，综合与学科间的渗透和交叉，对人才的专业知识与专业基础知识的结构和能力提出了更高的要求，即高等学校只有培养出具有宽厚的专业基础知识与专业知识的"宽口径"人才，才能适应科学技术综合化与交叉，融合发展的实际需要。

(8) 专业的竞争

大学生掌握宽厚的专业基础知识，是适应社会市场经济人才竞争的需要。市场经济的竞争实践表明，无论是资本主义市场经济，还是社会主义市场经济，都存在激烈的竞争，并且竞争的实力都源于企业的科学技术进步，源于企业科技人才的优势。每个企业要想在市场竞争中立于不败之地，就必须不断地改进生产技术，降低成本消耗，减少环境污染，提高劳动生产率；就必须不断地更新产品，以优秀的产品，高质量的服务去赢得市场，去青睐于广大消费者。而这一切，如果没有企业中的一些专业基础知识雄厚，专业知识面宽，精通科技前沿知识的优秀人才，都是不可想象的。

(9) 专业的经济

掌握宽厚的专业基础知识，是大学生迎接知识经济挑战的需要。知识经济的发展表明，注重知识的系统性，综合性与整合性，是知识经济与工业经济的重要区别之一。但要真正成为知识化的人才，就必须具有对各种知识的系统掌握、融合贯通、互相渗透、综合运用的能力。因为知识经济的核心是知识的不断创新，并且具有创新意识与创新能力的人才是其发展的决定性因素，是知识经济的生命所在。（www.gongxue.cn）

(10) 朱院长的话

全国政协副主席、中国工程院院长朱光亚曾精辟地指出，现在专业人才培养模式"培养的人才知识面不够宽，创造性、适应性、动手能力和综合集成能力不够强；对培养学生的终身自学能力注意不够。"国家教育部于1998年将高等学校的本科专业修订，可以说基本上是按学科定位专业的，从而也就使专业口径基本上涵盖了学科的面向，使专业人才的适应性得到广泛扩展。

第一章：学习观 Study Vision
第一讲：理无碍 Theory Stage（学习次第）**4、科技学习**

(1) 科技的基础

数学是一切科技的基础，电脑的公式也是利用数学"0"与"1"（中国的阴与阳）的理论而发展出来。进而物理、化学、生化都是科学的基础课程。现今的时代，任何东西都离不开科技，就算学艺术的绘画也被"动画"所取代许多。所以，学校、家长、学生要从小利用各种学习方式，灌输科技的观念，加强数理化的学习。

(2) 科技的认知

科技是时代的产物，现代人的生活，很少能离开科技的产物，甚至美国正在使用机器人去打仗，日本使用机器人作家佣等。国家的强盛，民族的兴衰，也都靠科技的水平及成果。所以我们对科技的认知，要全面修正，确认科学的重要，并加强对科技的关心与学习。（但不是科技至上，或科技万能）

(3) 科技的方法

每一门学科，都有入门的"方法论"，中国也说："工欲善其事，必先利其器。"我们不但要用科学的方法去学习，去生活，去作事，更要时刻、处处用科学的思维方式，才能适应日新月异的科技进步。处处讲科学，讲效率，讲实事，整个社会水平才能提升，突破新旧交替时代的困境。

(4) 科技的资讯

现代由于科技的发达，电脑的进步，现在一切的资讯均可在网上获得，美国国会图书馆已开始把上亿的图书电子化，美国一批科学家把全球生活有关的东西转成电子化（www.eol.org生命网），世界各国都有许多有心人把过去很难取得的资讯电子化。今天真是可以"人在家中坐，电脑观世界"。

(5) 科技的普及

现在科技的讨论还都太专业化、太学术化，没有普及化。美国的普及科学网（popular science.com）就把坚深难懂的科技，用普通语言来表达说明，提高科技常识的普及。美国教育部每年举办中学科技比赛、展览、辩论等活动，就是把科技的讨论普及化很有助益。

第一章：学习观 Study Vision
第一讲：理无碍 Theory Stage （学习次第） 4、科技学习

(6) 科技的学习

现代学习的途径很多，除了传统校园学习外，现在世界更流行网络上学，许多的科技也都可透过网络课程学到。例如最新最敏感的核技术，就有一个核子学会 (World Nuclear Association) 他们就有附设世界核能大学（World Nuclear University）提供许多有关新核能的学习及课程。对年青科学家有很大的助益。这只是一个例子，今天想学什么，几乎就有什么，只看学习人的心态与方法了。不要抱怨自己国家大学水平不好，师资不够，经费不足。真有心学，处处都有机会。

(7) 科技的工作

有了科技的基本素养及专业训练甚至很高的学位，其次就是工作的选择。美国所以强大，就是利用世界各国留美的学生精英，毕业后设法吸收为美国工作，给绿卡，给高薪，到武器研发中心、太空科技中心工作。这些科学家终生为美国工作，如涉入机密的工作，其行动思想均会被监管，如有热爱他国的倾向，往往就被扣上"间谍罪"（如李文和案，中国钱三强等案）。科学家都是被迫成为国与国斗争的工具及对象。所以，科学工作者，对自己的前途要有清楚的认识，国家民族利益还是个人利益必须要有选择。特别注意工作的背后，有否政治目的。

(8) 科技的研究

科技的研究工作，与国家的科技政策及环境有关。但我个人认为科学工作者的研究目标，应以造福人类的进步为宗旨。不是为了去研发如何毁灭敌人、毁灭地球、武器争霸的目的而研究。世界的进步是科学家的功劳，世界的毁灭也在科学家的手上。但科学家的良知良能却被政治污染了。

(9) 科技的应用

凡是对人类生活有助益的新科技，均在广泛的推广及运用。国家也应以大力度的推展，才能促使科技的不断进步。

(10) 科技的成就

中国古语说："江山代有才人出。"这对科技界来说最为贴切。科技不断进步，科技人才不断涌现，科技的成就不断发明，这对人类是个很大的鼓舞，但相对的科技也对人类造成很大的威胁，新武器的不断进步，新工业不断造成地球污染等均是科技成就的负影响。科学家是人类威胁的系铃人与解铃人。

第一章：学习观 Study Vision
第一讲：理无碍 Theory Stage（学习次第） 5、法律学习

(1) 法律的定义

法是由国家制定、认可并依靠国家强制力保证实施的，以权利和义务为调整机制，以人的行为及行为关系为调整对象，反映由特定物质生活条件所决定的统治阶级意志，以确认、保护和发展统治阶级所期望的社会关系和价值目标为目的的行为规范体系。

(2) 法律的产生

法律产生的一般表现为：1、生产力的发展引起经济结构和社会结构的变化；2、原始社会经济结构和社会结构的变化，引起了氏族管理结构的变化。即在具有民意性氏族管理机构中逐步建立起包括军队、警察、法庭、监狱在内的，执行阶级压迫，行使公共权力的特殊机构，即国家；3、国家是法律产生的前提条件，伴随着国家的产生而同时产生。

(3) 法律的本质

在阐明法律的本质、特征和职能的基础上，法律的定义可以概括为：法律是反映统治阶级意志的、由国家制度或认可，并以国家强制力保证实施的行为规范的总和。它通过规定人们权利和义务的方式规范人们的行为，其目的在于维护、巩固和发展有利于统治阶级的社会关系和社会秩序，是统治阶级实现阶级专政的工具。

(4) 法律的特征

法律的特征，是法律所固有的、体现法律的本质，并与其他社会规范相区别的特点。掌握法律的特征，有助于进一步理解法律的本质。法律与道德规范、礼仪规范、宗教规范等其他社会规范比较，其特征是：1、法律是阶级社会特有的社会规范；2、法律是由国家制定或认可的社会规范；3、法律是以国家强制力保证实施的社会规范；4、法律是由国家规定人们权利义务的社会规范。

(5) 法律的职能

法律的基本职能有两个方面：一是政治职能；二是社会公共职能。1、法律的政治职能。法律执行政治职能，是通过调整阶级关系实现的。主要表现在：调整统治阶级与被统治阶级之间的关系；调整统治阶级内部的各种关系。2、法律的社会公共职能。社会公共职能表现为社会共同利益所在，主要表现为保护社会环境、自然资源、交通安全、卫生保健以及安全生产等等。有关这方面法规的实施，既有利于统治阶级，也对整个社会有利。法律的这种政治职能与社会公共职能的统一性，是法律的阶级性与社会性统一的具体体现。

第一章：学习观 Study Vision
第一讲：理无碍 Theory Stage（学习次第）5、法律学习

(6) *法律的适用*

适用的概念和基本要求　法律的适用，从广义上解释，是指国家机关及其工作人员按照法定的职权范围和程序，将法律规范适用于具体的人或者组织的专门活动。从狭义上解释，法律的适用是专指国家司法机关即人民法院、人民检察院适用法律规范处理案件的活动。我国法律的适用的基本要求，是正确、合法、及时。

(7) *法律的效力*

法律效力，是指法律生效的范围，即法律在什么时间、什么领域和对什么人有效的问题。具体是指法律的时间效力、空间效力和对人的效力。法律的时间效力，是指法律生效和失效的时间以及对它颁布以前的行为有无溯及力的问题。

(8) *法律的解释*

法律解释，是指对法律规范的含义、内容所作的说明。按照解释的主体与解释的效力的不同，法律解释分为正式解释和非正式解释。

(9) *法律的事实*

所谓法律事实，是指符合法律规范所规定的，能够引起法律后果，即引起法律关系产生、变更和消灭的情况、现象或事实。法律事实按照它是否以当事人的意志为转移可分为法律事件和法律行为。（"五五普法"法律基础理论）

(10) *法律的服务*

哈佛法学院成绩颇为优异的学生，则被任命为学生委员会的委员，该委员会负责一项由学生参与的实习法庭准备工作，其余的同学则为法律服务社（Legal Aid Society）、社区法律服务事务所（Community Legal Assistance Office）或自愿辩护人等（Voluntary Defenders）等组织的成员。上述三种工作，均系对社会上需要帮助的人士，提供纯义务性的协助。依据某些州的法律规定，法律学院的学生，可在律师的监督下，于下级法院代表贫穷的被告出庭辩护，现在采纳此种规定的州数，已有明显的增加。由于此种制度之建立，对于课堂所讲授的法律，提供了一项甚为新颖的增补方式，而使理论与实务能够密切衔接，故我们可将之称为实习法律教育（clinical legal education）。

清華大學

Thldl 领导力培训专家

中华国学再造领导力
企业家高级研修班 讲义

第一章：第二讲 事无碍

学 习 观

编讲人：强梵畅
Edited by Victor Chiang
中国北京大学宗教学系 兼任研究员
Research Fellow
Department of Religious Studies
Peking University , Beijing , China

CCEO-A1-B2-01

清華大學 领导力培训项目网
Tsinghua University Training of Leadership

第一章 学习观 总纲目

第一讲 理无碍	第二讲 事无碍	第三讲 理事无碍	第四讲 事事无碍
⬇	⬇	⬇	⬇
人生基础	生活文化	人文科学	伦理哲学
语文基础	艺术文化	社会科学	经济哲学
专业基础	民族文化	自然科学	政治哲学
科技基础	社会文化	生命科学	人生哲学
法律基础	宗教文化	宗教科学	宗教哲学

第一章学习观 第一

◆ **6、生活文化**
（1）人情与公德（2）诙谐的生活（3）太史公别趣（4）诙谐的妙喻（5）诙谐的构造（6）当笑而不让（7）笑道与心情（8）真正的休假
（9）有原则休假（10）假期的心态

◆ **7、艺术文化**
（1）尼采论虚骄（2）艺术的精粹（3）虚妄的胡诌（4）艺术的虚骄（5）自由艺术家（6）中西诗与画（7）诗意的枯竭（8）画与诗具象
（9）康德论美学（10）传统的美学

◆ **8、民族文化**
（1）文化的遗产（2）民族的文化（3）文化遗产义（4）中华的文化（5）遗产的危机（6）文化的破坏（7）遗产的保护（8）心中的文化
（9）知识份子心（10）大国早崛起

◆ **9、社会文化**
（1）社会的文化（2）社会的元素（3）社会化历
（4）社会化家庭（5）社会化朋辈（6）社会化学
（7）社会化传媒（8）人穷而返本
（9）西文化革新（10）全球化改变

◆ **10、宗教文化**
（1）宗教的现状（2）文明的挑战（3）宗教的形式（4）世界宗教会（5）宗教的对话（6）佛道的历史（7）回教的影响（8）基督教影响
（9）宗教人开端（10）宗教是文化

第一章：学习观 Study Vision

第二讲：事无碍 Practical Stage（实践次第）**6、生活文化**

(1) 人情与公德

多年前，美籍留学生狄仁华写过一篇题为"人情味与公德心"的文章，对我国的社会习俗有所批评，曾在各级学校掀起一阵提倡公德的运动；但时过境迁，从社会各界到教育机关，"人情味"压倒"公德心"的例子随处可见。结婚喜车队闯红灯的纠纷，学童集体送殡的故事等。

(2) 诙谐的生活

幽默、诙谐、讽刺，均源于机智；皆为漫骂之化装，亦皆为逆耳之言的替身；虽然程度深浅不同。夏侯湛"东方朔画象赞"："明节不可以久安也，故诙谐以取容。"正搔着了问题的痒处。

(3) 太史公别趣

太史公本是位极懂风趣而体任自然的人。史记列传六十六，曾别出心裁，为淳于泄、优孟、优旃立传。所谓谈言微中，亦可以解纷。持论平实近情。惜历时垂四百年，滑稽列传中屈指可数的人物仅此廖廖数人，由此可见真正的诙谐之士，也甚为难得。盖戏谑系乎"别才"，非关学养；诙谐自成"别趣"，非关理路。纵学富五车，才高八斗，也常苦无技可施。

(4) 诙谐的妙喻

奥人佛罗伊德（Sigmund Freud）最能体现谈谐的妙处。维也纳有两个奸猾的商人，藉不正当的投机手段骤致巨富。于是一心一意，想进入上流社会的社交圈，妄翼广延声誉。乃附庸风雅，请当时一位最负时誉的画家给他们自己画像，一掷万金，毫无吝啬。画既成，折柬遍邀地方名流参加其堂皇夜宴，好观赏他俩的画里风仪。结果，评家指着中间说"耶稣基督到那去了"。

(5) 诙谐的构造

诙谐虽小道，但吾人若要明白精神分析术的种种问题，最好从研究诙谐的构造入手。盖诙谐与"笑里藏刀"语意极为接近。刀所以泄忿，笑所以欺敌，其所生的"快感"是多方面的。诙谐非油腔滑调，诙谐也非"上海滑稽"触机而发，智深勇沉，"三家村"中之邓拓与廖沫以谈谈诙谐了。（文专："诙诙谐"中副）

第一章：学习观 Study Vision

第二讲：事无碍 Practical Stage（实践次第） 6、生活文化

（6）当笑而不让

因已得了笑的甜头，从此便随时留心，逢趣辄笑。一切功名利禄，从来不与人争；但设碰到笑机，一律"当笑不让"。生活忙迫，与年俱增；笑的机会，日益减少。我的办法是有机固不放过，无机也设法制造。即令制造不出，也适时哈哈数声，使生笑果！

（7）笑道与心情

心情固能影响官能，官能也同样影响心情。心情若忧，官能固可因之而愁；官能若愁，心情也可因之变忧。同样，心情若喜，官能固可因之而笑；官能若笑，心情也可因之变喜。从前我本经常忧心忡忡，眉头深锁；举目斯世，没有一样事不使我悲哀！自得笑道之后，便逐渐改为因笑而喜，因喜更笑，笑笑喜喜，喜喜笑笑，举止斯世，又没有一样事不使我感到可笑！（暂还：中副"笑道"）

（8）真正的休假

在事实上，有长夜之饮，亦有达旦之舞，更有日以继夜之麻将，这些娱乐活动之过度伸张，心固未必不劳，身则且已甚。素非多金之人，或戏谓不愿休假，而愿照常工作；实则，正因其金之不多，始有真正休假之可能。早点熄灯高卧，看似寂寞，实则心身俱逸，一举两得。

（9）有原则休假

欢乐不能没有节制，同样亦不能没有原则。平常多劳心的人，假期中不妨多劳身、少劳心；平常多劳身的人，假期中即不能、亦不必劳心，亦应使身真正松驰。至于平时心身交疲的人，假期中心身两逸，休假始有意义。也许正是做一行，怨一行，我常为做新闻工作的人，大都心身交疲，心疲者，乃在正常工作之外，有时还得赶稿，身疲者，工作长而无定时，且多为夜兴日寐，这确是一种文明的苦役，做这种苦役的人，尤其需要假期，更需要有原则的休假。

（10）假期的心态

"天下无不散的筵席"，尤须注意消除欢乐的惰性。玩的时候固然要玩，工作时候可得真正工作。在假期未到时，即已心猿意马；到假期过去时依然"神游物外"，那就每易误事。此种惰性现象，一般人如难尽免，做首脑的人，便不能不多负点责任。如果连首脑人物都给弄得昏昏沉沉的，则误事的机会，必然更多。（东原："漫谈假期"-中副）

第一章：学习观 Study Vision
第二讲：事无碍 Practical Stage（实践次第）**7、艺术文化**

(1) 尼采论虚骄

尼采论艺术家之野心有两句话，令人怵目惊心：自不臧而欲人见，曰虚妄；不欲人见而终为人见，曰骄傲。两者结合，乃成虚骄之气。虚骄之气最妨碍艺术家的自我完成。艺术家一旦为虚骄之气所锢蔽，则虽有高才美质，亦将化为乌有，便无足观。

(2) 艺术的精粹

艺术在某一意义上，就是表现。但一切艺术必然要求效果集中。一切艺术最后的秘密，也只有一句话：集中而表现之。集中表现的强度，往往决定了艺术品艺术价值的高低。艺术家所表现者，无非是艺术家认为最精粹的部份，那是经过极严格的选择的。古今来名妓，车载斗量，而孔尚任的"桃花扇"，小仲马的"茶花女"独擅胜场，古今来男女忘情，直比恒河沙数，而曹雪芹的"红楼梦"，莎士比亚的"罗米欧与朱丽叶"，成为千古艺林珍宝；以其拣选最精粹的部份，最具代表性的典型，镕铸成一整幅精美绝伦的人生图画。

(3) 虚妄的胡诌

可是虚妄者流则不然。他们一方面是"关门闭户掩柴扉"式的堆砌，好大喜多，心中本无话说，笔下却有千言。一方面是"东边桃红柳绿，西边大雪纷飞"式的胡诌，抓到篮里就是菜，全然缺少挑选剪裁功夫。致乖谬百出，一点也不能效果集中。但这批写作的人发表态偏偏特别强，除了负责把白纸印成废纸，浪费读者们的时间、精力与金钱外，一无可取，此之谓虚妄。

(4) 艺术的虚骄

"骄"与"吝"常比邻而居。故孔子有言："其有周公之才之美，使骄且吝，其余不足观怀已矣。"骄吝之辈，因其秉性本吝，故事事缺乏天真坦率襟怀，藏头缩脚，不欲人见；而其骄狂自大，却使他的勃勃野心，不能刚劲内敛，终于横决而流泄为凉言浪语，满纸云烟，了无精义，此之谓骄傲。虚妄与骄傲结合而成虚傲之气。虚骄之气与真正的艺术气质积不相容。艺术家的自我锻炼当自力戒虚骄之气始。（文寿："虚骄之气"-中副）

(5) 自由艺术家

美有自然美与艺术美的区别。自然美是韩愈所说的天巧，艺术美是书经所指的人工。自然美是指大自然的景色，不论是山川烟霞，或是奇卉异木，人各同赏，似此美具有客观价值而非基于个人经验。艺术美是指人工的造诣，既是是人工，势必属有作家喜怒哀乐的主观成色和个别纯朴突兀的特创风格，其所取材，并不限于众之共赏，举凡痛苦丑恶的景象，诸如耶酥基督之死，西国内战之惨，都在艺术家的驱遣之下，而不失艺术之美。概括地说，中西艺术的不同，是对于自然美与艺术美的互偏；中国艺术是在共通题材上各出心裁，西洋艺术则在善恶诸相上另辟境界，然并不据此而定优劣，因为艺术原是自然人生的再创，取舍拣择，也是艺术家特具的自由。（邢光祖："美与丑"-中副 1971.5.5）

第一章：学习观 Study Vision
第二讲：事无碍 Practical Stage（实践次第） 7、艺术文化

(6) 中西诗与画

历来标举我国绘画特征的多数人士，率皆脱口引据苏轼所说的"诗中有画，画中有诗"的名语，既未能一查这句话的来源，是出于"东坡先生全集"卷七十"书摩诘蓝田烟雨图"，又未悉诗画合一之说，在西洋，自耶稣纪元前的罗马批评家霍瑞斯（Horace）在其诗论里面提出"诗即是画"(UtPictura Poesis)以后，直至十九世纪的英国作家裴德（Pater），指出诗是有声之画，画是无声之诗的人，尤其是在西欧文艺复兴时代，为数当在十家以上；而裴德且曾胪列甚多画中有诗的名家作品，以作例证。所以诗中有画，画中有诗，并不能笼统地视作中国丹青一艺的特征，只是在中国诗画里面略较显著而已！

(7) 诗意的枯竭

记得法国印象主义派画家戴嘉（Degas），在绘事之余，尝从事于十四行诗的写作，但有一个时候，感到自己灵感逐渐枯竭。在失望中，便去找他的朋友诗人马拉美（Mallarme'），他说："我简直弄不明白，我满肚子里的诗意，可是写不出诗来。"马氏答道："朋友，诗不是藉诗意，而是用文字写出来的。"从这段对答里，可见诗与画在表现媒介上的主要差别。

(8) 画与诗具象

画是某些诗致的具象化，但未必能够概括诗的整体。德国的拉辛（Lessing）曾经指出视觉艺术的绘画所涉是空间中的（spatial），而文字艺术的诗词所涉是时间中的（temporal）事，诸如严维"花坞夕阳迟"，杜甫"云在意俱迟"，时间上的迟速，不是画家所能表达的。清代叶燮也指出"初寒内外之景色"或人的官能知觉的所触，诸如长吉"杨花扑帐春云热"，或义山"红楼隔雨相望冷"，感官上的冷暖，也非绘画所能曲传的。此外属于人的心性分内，合乎理趣的诗，例如王维"行到水穷处，坐看云起时"，或李白"花将色不染，心与水俱闲"，也每使画家搁笔兴叹，至于论道述怀的诗篇，更不必说。再如张僧繇对于或慈或威亦庄亦丽的宝誌禅师，无法肖其像；善于雕塑的方辩能够曲尽六祖的外貌，但不能直透慧能的佛性；这是一般空间艺术的缺憾。

(9) 康德论美学

近代美学的始祖康德（Kant）曾指美的本身就有矛盾，因为美缺乏一定的标准。美感是基于某个鉴赏能力，每每见仁见智；并且美是暂时的，不是固定的。至于美的经验，也不能构成美的观念的同一，人人均认为美的，但对于美的观念的构成，在理论上不全相同。

(10) 传统的美学

在传统美学上，美跟善与真相混。我国论乐曰和平中正，论诗曰温柔敦厚，论书曰醇粹清雄，论画曰闲和宁静，都是教化的功用重于唯美的原理。西洋自希腊三哲经过新柏拉图派经院学派以至十七世纪的若干学者的主张，也大率如此。孔子指出韶尽美尽善，武美不尽善；英国诗人济慈提出美即是真，真即是美；如果所谓善，并不等于道德的净化，所谓真，也不等于性情的诚挚，在美学上是没有多大意义的。世上尽多是有容无德的太真，和有德无容的无盐，可是容德兼具的太姒毕竟是少数。（邢光祖："诗与画"-中副1971.5.1）

第一章：学习观 Study Vision
第二讲：事无碍 Practical Stage（实践次第） 8、民族文化

（1）文化的遗产

中国是非物质文化遗产大国。五千年的古老文明，漫长的农耕文化历史，以及56个民族多元化的文化生态，显现了中华民族民间文化艺术资源十分丰富及天才的艺术创造，有极高的历史价值，许多种类或世界独有，或世界第一。然而，随着现代化进程的加速，受许多条件因素影响，我国原本丰富的非物质文化遗产正遭受着猛烈的冲击。

（2）民族的文化

各民族在其历史发展过程中创造和发展起来的具有本民族特点的文化。包括物质文化和精神文化。饮食、衣着、住宅、生产工具属于物质文化的内容；语言、文字、文学、科学、艺术、哲学、宗教、风俗、节日和传统等属于精神文化的内容。民族文化反映该民族历史发展的水平。语言是民族文化的重要组成部份，同时也是民族文化的表现形式。如历史、文学（包括口头文学）、历法、医药、科学技术等，都是用一定的语言表现出来的。

（3）文化遗产义

按照联合国教科文组织的界定，人类文化遗产可概分为两大类：一类是物质文化遗产，包括文化遗址、遗存、文物、文献等；一类是非物质文化遗产，主要是指以语言、文学、音乐、舞蹈、游戏、神话、礼仪、习惯、手工艺、建筑术、技艺、技巧和瞬间表现形式传承的文化遗存，是民俗文化、民间文化、民族文化的重要传承方式。非物质文化遗产的最大特点是口耳相传，诉诸视听而疏于记录和固态化。因而常常是转瞬即逝的，不可再生的。一旦消亡或流失，在落后的记录手段和技术条件下，基本无法恢复或再生。这就意味着民间的非物质文化遗产虽然丰富，但也很脆弱。目前，我国非物质文化遗产发掘整理和保护行动落后于它的消亡速度，呈现出岌岌可危的现状，如民间戏曲、戏剧在衰落，年画、剪纸、皮影正在逐渐消失。

（4）中华的文化

中华民族文化的独特性和不可替代性正吸引着世界目光。无论是"中国京剧欧洲行"的顺利开展，昆曲和古琴被联合国教科文组织列入"人类口头文化遗产"名录，还是《卧虎藏龙》获奥斯卡奖项，都说明了中华民族文化的魅力所在。但是就在我国的非物质文化遗产在得到越来越多世界认同的同时，许多的国家将许多本属于我国的文化遗产纳入本国家的文化产业战略，对这一宝贵资源进行开发利用。从已经久远的"敦煌"艺术的流失，景泰蓝、宣纸技术被窃，到近年来美国《花木兰》的高上座率，韩国的皇家音乐"申遗"（韩方入选世界非物质文化遗产名录时，明确说明该项艺术源自中国），以及韩国欲夺我们的"端午节"申请世界文化遗产，少林商标在美国抢注等事件屡屡发生，这在说明中国非物质文化独特地位的同时，也向我们敲响了警钟：如果我们行动迟缓，一些优秀的文化遗产将被他人"端走"，我国优秀的文化将被肢解。

（5）遗产的危机

一是我国非物质文化遗产种类繁多，普查力度不大。由于民间文化历史悠久、种类繁多，加上非物质文化遗产工作长期不被重视，政府部门的普查工作力度不大，至今对于我们民间文化的非物质文化遗产的整体状况、存在种类数量和消失的状况等认识不清，缺乏深入和广泛的了解。

第一章：学习观 Study Vision
第二讲：事无碍 Practical Stage（实践次第）**8、民族文化**

(6) 文化的破坏

二是保护文化遗产的观念滞后，资金技术贫乏，对非物质文化遗产价值缺乏正确的开发利用。如由于得不到政府的支持，资金不足，一些小规模的非物质文化遗产类的文化产业，在艰难的环境中自生自灭。旅游市场对民间艺术遗产庸俗化的廉价开发，对社会造成文化误导和原生态破坏。

(7) 遗产的保护

三是非物质文化遗产缺乏法律保护依据。如对古代的科技、工艺、音乐、舞蹈、历史声音、历史图像、民族文物、民俗文物等非物质文化遗产，既没有科学的界定和权威的说明，也未能列入《文物保护法》的保护之下。我国现有的法律法规已不能适应我国非物质文化遗产保护工作的开展。

(8) 心中的文化

唐君毅先生说得好："若问中国在哪里，就在诸位的生命里，我们每一个人，皆有资格代表中国，毫无愧作。要说认同，就要先认同于自己个人心中之中华民族与中国文化生命"，所以每一个人都"自觉到自己是有历史意义的中国人，而以之为自己生命的本质"，而都能顶天立地，做一个堂堂正正的中国人，这是认同的正面的积极价值，也是中国读书人所应表现的气度和知识的责任感。

(9) 知识份子心

现代中国海内海外知识分子的忧患意识和兴复的责任感，所交织而来的痛苦感爱，乃就自然而然对于国家民族，对于文化生命，产生其血肉相连的认同与回归心理的精神的现象。抑且较之一般人更为敏感，更为深刻，更为执着。当然，这就是一种积极正确的认同，有其正面的积极的价值，正显示中国知识份子在国家民族存亡、文化生命绝续的严重关头，"愈能表现其忠肝热血。"

(10) 大国早崛起

关于大国崛起这个命题，早在古代中国就有了逻辑上的诠释，孟子所谓"以仁假力者霸，霸必有大国。"（《孟子·公孙丑上》）我理解，这里的"霸"，不是现代意义上的"霸权主义"，而是有影响力的国家；所谓的"仁"，则是国家制度，而"力"就是一个国家的现实国力。他们的观点都是不同程度地认为，葡萄牙、西班牙、荷兰、英国、法国、德国、日本、俄罗斯、美国，都是靠"硬实力"作为后盾而崛起的，而当时他们的"软实力"并没有为他们的发展带来多少益处。毫无疑问，昔日的大国崛起充满了压迫和剥削，甚至是充满侵略和掠夺的殖民强权。从15世纪到今天，这些国家轮番演绎出的大国历史实际上就是一部强权掠夺史。但是，如今的中国"和平崛起"，也同样是大国崛起，但与昔日一些大国的崛起有着很大的不同，其中最重要的就是历史背景、文明价值、科技水平、教育方式等方面；二是中国有着几千年包容文化的深厚根基，绝少有掠夺他国财富的文化传统的贫婪品格。

第一章：学习观 Study Vision

第二讲：事无碍 Practical Stage（实践次第） **9**、社会文化

(1) 社会的文化

从家庭、学校、社区、国家等各种各样由人所组成的团体，都有不同的"社会文化"，也就是有不同的价值观念、社会规范和行为模式，当一个新的成员在加入这个团体的时候，必须接受并学习这个社会的文化，并且应用在日常的生活之中，才能够在这团体中得到其他成员的接纳或认同，而个在得到团体的接纳与认同之后，才能够稳定地发展自我。

(2) 社会的元素

人从出生到成长，已经历了不少或学习不少社会文化而被社会化，但人生中有那几方面是必须社会化才能为社会所接纳呢？其基本元素如下：①语言：通过语言可与人沟通，表达内心情感或外在的意欲。②技能：包括日常生活的技能、与人相处之道。③纪律：人有各种不同的欲望需要去追求、去满足，因此彼此间便会很容易产生冲突和矛盾，这时便需要一些共识的纪律去遵守，以规范或调和这些冲突。④抱负：纪律可以消极的控制冲动行为，而抱负则是使人积极的帮助个人去实现自己的理想。⑤角色：每个人在社会中都扮演着不同的角色，通过其再色的需要来作出应有的行为和态度，这可减低周围的矛盾或冲突。

(3) 社会化历程

社会化是一种终身的历程，其中以家庭、朋辈、学校、传媒最具影响力。在成长的过程中，我们可能认为自己已学了很多，而事实上也的确学了不少，但是社会化的学习历程却是一生的，大体上是包括了婴儿社会化、儿童社会化、青年社会化、成年社会化及老年社会化。

(4) 社会化家庭

家庭是一般人最早接受社会化的单位，从婴儿时期开始已受到家庭的照顾而成长，在社会生活的初步学习，早期的人格发展，均受到家庭的影响，尽管许多父母把子女交托别人照顾，但父母却依然是影响子女社会化的最早角色。

(5) 社会化朋辈

儿童随着成长而逐渐扩大其生活圈子，如上托儿所、幼稚园、以及各级小学、中学等等，这些地方均可接触到不同背景的朋辈，由于大家年龄相约，故特别容易互相影响，这种朋辈关系，对于其社会化有相当的影响力，这些在青少年时期最为明显。

第一章：学习观 Study Vision

第二讲：事无碍 Practical Stage（实践次第）9、社会文化

（6）社会化学校

在现今社会中，一般人走出家庭后，第一个接触社会的机构就是学校，学校的生活除了提供有系统的知识外，也协助一个人在组织生活上的技能、服从纪律、统一价值观等方面的社会化，使儿童正确地迈向成人社会的生活模式。

（7）社会化传媒

现在资讯科技发达的社会中，人们可透过电视、电子网络、电台广播、报章阅读或其他刊物等传播媒介中获得不少资讯，其中以电视及电子网络影响较大，透过声光、动画的效果，使人在不知不觉中，学习到许多的知识与价值，其中以推销类广告的语言、动作或观念最为大众所熟识和接受，甚至作出模仿的行为，而形成流行风气，在这方面，以儿童及青少年尤其明显。
（http://mss-mllc.com）

（8）人穷而返本

我国圣贤所谓"人穷自返"的真知灼见，今日世界秩序混乱的根源既如上述，人类实已频临"人穷"的地步，拯救之道，必须回头积极于人自身的"返本"自觉。宇宙秩序的发展和稳定，必以人心为归导，如欲西方人文思想循此境界由萌芽而苗壮，则有待吾人将中国人文精华——大智宝海中的醴泉，积极引导普施沾溉，以扭转人类的危机，发扬中国王道文化，为天地立心，为人类立命，为万世开太平。

（9）西文化革新

过去西方人多将西方文化自封为世界文化，但自二次大战后，西方哲者坦诚指出以西方文化代替世界，是偏妄的行为，同时赞美中国文化充满和平的美与永恒的价值，尤以中国文化蠡所揭示的"声教讫于四海"之后，更主张"四海之内皆兄弟"的泛爱精神，在危机四伏的今日，特别受到西方各国有识之士的重视。美国麻省理工学院首任教授斯密士Huston Smith所著"西方思想之革新"，认将来宇宙秩序，不能离开人心而单独存在，实则中国儒释道三家早有此肯定，西方思想界有此"自返"的创见，为"人性文化"与"人穷自返"的论证带来可喜的曙光，西方人越早警觉于"唯物唯科学"的不当，而豁然贯通回复到"人性文化"的道德人生观，则人类定免于毁灭而提早得救。

（10）全球化改变

另外还有一个讲题，是关于全球文化的改变。虽然人类经过数千年的繁衍迁袭变动，地域、种族、文化好坏都由父母生育教养到社会化传承下来，不过，接受教育普及，鼓励个人发展思考，工商业社会形态，文化能影响的不如过去多。新经济时代的地球村和网路发明以后，人还可以得到更多传媒的阅读，人类的活动也能透过地域旅行启发文化智慧，人类的内在心理也悄悄地在释放过去文化的各种限制。我猜想，不会像过去数千年那么久，也许不到几个世纪，很快的可以看到所有文化的消失，整合成一种的地球村共同文化。（www.cindyhsu.com）

第一章：学习观 Study Vision
第二讲：事无碍 Practical Stage（实践次第） 10、宗教文化

(1) 宗教的现状
当今世界60亿总人口中，信奉各种宗教的人有48亿，占世界总人口的80%，尤其是各种新兴宗教发展迅猛，其信仰团体多达2万多个，信徒人数已经超过13亿。宗教与人类社会的政治、经济、思想、文化等各方面有着密切而又复杂的关系，不少宗教问题都直接关涉"全局性、战略性、前瞻性"的理论和实践问题。在全球化过程中，许多宗教问题往往会形成局部地区的难点、焦点和全球性的热点、重点，对整个世界的格局和发展走向产生深远影响，甚至有可能改变历史进程和人类命运。宗教问题在当代世界已涉及到国际政治、世界和平、国家安全、社会稳定、经济发展、民族关系、法律秩序等重要方面。

(2) 文明的挑战
在实现现代化、步入全球化快车道的征途上，人类至今仍然面临着后冷战思维造成的霸权主义、单边主义以及强势文化对弱小文明的排挤、歧视等方面的空前威胁，特别是一些地区的民族、宗教冲突和紧张局面，已不仅影响到部分地区和国家民族的经济发展和社会进步，而且也深深地影响到世界政治、经济格局的变化和发展趋向。对此，有人提出了"文明冲突论"（亨廷顿），有人提出"文明对话论"（哈塔米、杜维明），有人提出"文明交往论"（彭树智）等主张，对当代人类世界的文明发展现状和趋势进行不同角度的思考和实践探索。

(3) 宗教的形式
牟钟鉴先生予以精辟的论述："（宗教）并非一种孤独的思想游魂在空中飘来飘去，它总要附着在某种文化实体上，通过一定的文化系列在社会生活中发生实际的作用，例如通过宗教道德、宗教哲学、宗教文学、宗教艺术、宗教习俗、宗教典籍、宗教活动，影响人们的思想情趣，成为社会精神生活的一个组成部分。"宗教作为一种复杂的文化形式，她不但表现在宗教所具有的独特性之中，而且宗教的文化意蕴还通过对世俗道德、社会——国家政治形态、人类艺术、科学发展等多领域、全方位地发挥作用和影响，成为人类文明的重要的不可分割的组成部分。

(4) 世界宗教会
当代著名的天主教学者孔汉思（Kueng Hans）认为："没有各宗教间的和平，便没有各文明间的和平。没有各宗教间的对话，便没有各宗教间的和平。"开展宗教对话的高潮是1993年8月28日至9月4日，在美国芝加哥召开的第二次"世界宗教议会"大会。这次"由来自几乎每一个宗教与教派的6500人参加"的大会，"在宗教史上第一次勇敢地制定出并提出了一份《走向全球伦理宣言》"，这份宣言在大会上引起了热烈的讨论。

(5) 宗教的对话
值得一提的是，在宗教对话的探索过程中，美国当代思想家、社会活动家保罗·尼特(Paul F.knitter) 又从不同信仰的宗教对话的命题基础上，把人类（包括信仰者）面临的共同危机引入宗教对话中，即把人类共同面临的来自外部的苦难引进宗教对话应该关注的内容。对话和每个宗教者都应该将生态——人的福祉作为"全球责任"加以关注和最低限度地达成共识。正如他所说："如果世界各个宗教确实聚在一起，并且一起合作和行动以解决这些地球的、生态的难题，那么他们就会发现新的或许是无法想像的机会，彼此可以学习和相互理解。宗教间伦理行动导致宗教间对话。一起行动会变成一道对话。"。（丁克家：试论宗教与文化的关系）
（www.islambook.net）

第一章：学习观 Study Vision
第二讲：事无碍 Practical Stage（实践次第） 10、宗教文化

(6) 佛道的历史

佛教、道教同中国传统文化关系极为密切。佛教在东汉时期作为外来文化传入中国后，逐步与中国原有的道教和儒家的文化互相接触、交流、碰撞、包容、吸收、融合，在哲学、文学、艺术、伦理等社会学领域，乃至医学、化学、天文学、生命科学等自然科学领域，都产生了重大影响，创造了极其丰富的文化遗产，成为中国传统文化的一个重要组成部分，在中国传统文化中具有十分重要的地位和社会历史价值。

(7) 回教的影响

穆罕默德创立了伊斯兰教以后，阿拉伯人才有了自己的文化，阿拉伯人从此成为一个坚强的民族。《古兰经》既是伊斯兰教的经典，又是阿拉伯文化的典范，伊斯兰教文化，在百年之中，阿拉伯人从亚非欧三洲上把长期被罗马帝国和波斯帝国所奴役的人民解放了出来，创造了灿烂辉煌的阿拉伯文化，引起了欧洲各国的文艺复兴。

(8) 基督教影响

西方文化传统是在基督教文化中得以整合的，它上承希腊哲学，下启近、现代哲学，包含了古希腊理性主义传统、希伯莱宗教的精神、以及罗马人世间的法治观念。中世纪欧洲以基督教文化为主体，在哲学上，对信仰与理性、传统和自主、理智的统一性、灵魂的不朽性、上帝的存在和世界的永恒性、国家的自然律、逻辑和语言、德性和激情、形而上学的观念等进行深入探讨与整合，从而形成了西方的文化传统。

(9) 宗教人开端

名思想家梁漱溟先生说："人类文化都是以宗教开端；且每依宗教为中心。人群秩序及政治，导源于宗教，人的思想知识以至各种学术，亦无不导源于宗教。""我们知道，非有较高文化不能形成一大民族；而此一大民族之统一，却每都有赖一个大宗教。"并指出："为了维持社会，发展文化，尤其少不了宗教。"（《梁漱溟全集》第三卷第97-99页）

(10) 宗教是文化

历史学家吕思勉先生对世界文化史作了这样的概括："古代之文明在宗教，后世之文明在学术，学术主智，宗教主情。"（《图腾与禁忌》182页）钱学森曾指出："宗教是文化。""至少在社会主义初级阶段，文化建设还应包括宗教。宗教是文化事业。"（buddhism.com.cn）

Thldl 领导力培训专家

清華大學

中华国学再造领导力
企业家高级研修班 讲义

企业禅

第一章

学习观

第三讲 理事无碍

编讲人：强梵畅

Edited by Victor Chiang

中国北京大学宗教学系 兼任研究员

Research Fellow

Department of Religious Studies

Peking University , Beijing , China

CCEO-A1-B3-01

清華大學 领导力培训项目网

Tsinghua University Training of Leadership

第一章 学习观 总纲目

第一讲 理无碍	第二讲 事无碍	第三讲 理事无碍	第四讲 事事无碍
⬇	⬇	⬇	⬇
人生基础	生活文化	人文科学	伦理哲学
语文基础	艺术文化	社会科学	经济哲学
专业基础	民族文化	自然科学	政治哲学
科技基础	社会文化	生命科学	人生哲学
法律基础	宗教文化	宗教科学	宗教哲学

◆ *11、人文科学*
（1）人文的科学（2）学科与科学（3）现代化进程（4）省思现代化（5）科学非抗衡（6）发展的意义（7）科学的原理（8）文化的传统
（9）人文的精神（10）社会的和谐

◆ *12、社会科学*
（1）社会的科学（2）政治学研究（3）法律学研究（4）经济学研究（5）历史学研究（6）语言学研究（7）教育学研究（8）管理学研究
（9）心理学研究（10）社会学研究

◆ *13、自然科学*
（1）自然的科学（2）物理学研究（3）化学为中心（4）现代地理学（5）海洋学研究（6）环境的科学（7）电脑的科学（8）气象学研究
（9）地球的科学（10）天文学研究

◆ *14、生命科学*
（1）生命的科学（2）生物化学史（3）生物的化学（4）遗传的科学（5）基因的科学（6）超越心理学（7）人体的科学（8）针灸全球化
（9）中医学理论（10）超常的现象

◆ *15、宗教科学*
（1）宗教的研究（2）宗教历史学（3）宗教人类学（4）宗教社会学（5）宗教心理学（6）宗教与科学（7）宗教论科学（8）宇宙的形成
（9）宗教论天文（10）宗教论宇宙

第一章：学习观 Study Vision

第三讲：理事无碍 Judgment Stage（证成次第）11、人文科学

（1）人文的科学

人文科学是人类智慧的结晶，它肯定人的价值、探寻人的意义，为人类的经济与技术行为提供价值规范。发挥人文科学的功能，对于倡导和谐理念、培育和谐精神、促进社会和谐具有重要作用。构建社会主义和谐社会，需要繁荣发展人文科学。

（2）学科与科学

「人文学科」与「人文科学」诸词终于在20世纪末进入汉语。但这些名称概念（从「人文精神」、「人文素质」到「人文科学」）学理内涵该怎样理解呢？它们在根本上归属人文科学原理。就其主要方面而言，人文主义（Humanism）归属于思想史范畴，同一大类的还有人道主义、人本主义、人文精神等，它们表现为社会思潮和思想主张立场；人文学科（The Humanities）归属教育学教学科目分类，人文素质概念即定位于人文学科教育原理；人文科学（The Human Sciences）则是从哲学高度对包括人文主义与人文学科在内的人文活动原理的系统研究理论。上述三类研究不能彼此取代，例如，人文科学不能取代人文学科的功能。相反，三者总是相互关联的：人文科学总要依托人文学科教育形态，并且必不可免地具有人文主义的价值立场。

（3）现代化进程

就总体而言，人文主义、人文学科与人文科学领域的形成与突出，是现代化进程中具有现代性（Modernity）的现象。尽管人文主义与人文学科在东西方都有其古典形态，但是，脱离现代化背景、非历史地将古代人文传统形而上学化，只会模糊与遮蔽人文思想的现代性特质。

（4）省思现代化

反思省察现代化及其渗透到日常生活的科技思维模式与价值取向，进而从更加远大完整的人文视野协调与规范现代化，需要拥有区别于自然科学与社会科学的人文科学系统理论根据。无论中外，使全社会了解人文科学观念，尚有待相当长时期的努力。国际学术界迄今也未有统一、成熟的人文科学理论。进入人文科学理论学习伊始，即有必要意识到这一领域的前沿性与探索性。

（5）科学非抗衡

但人文科学的现代性不能仅仅归结为现代化科技主义的抗衡。与将人文性同科技生产活动对峙而囿限于传统文化与日常生活的浪漫人文主义有别，马克思将人性视为以劳动为基础的对象化活动，因而现代科学技术恰是人文科学最重要的对象。人文科学批判唯科学主义所造成的人与社会发展的片面化乃至从人伦到自然生态的危机，同时提示科技活动所深层依赖的人文价值动机系统与科学精神的人文性质，以及人文素质又如何凭藉科学技术活动辩证与历史地发展生成。人文科学与自然科学是在现代化历史条件下分蘖出来的对立统一矛盾体，二者在当代科技与人文形势下已经趋于相互渗透与依赖。马克思因而预言：「自然科学往后将包括关于人的科学，正像关于人的科学包括自然科学一样：这将是一门科学。」《1844年经济学——哲学手稿》，《马克思恩格斯全集》第42卷，人民出版社1979年版。

第一章：学习观 Study Vision
第三讲：理事无碍 Judgment Stage（证成次第）11、人文科学

(6) 发展的意义

在人文科学意义空前重大的21世纪，有必要立足于未来社会均衡健全发展高度在全部高等教育中普遍开展人文科学教学，即对未来社会的中坚骨干阶层施行原理观念水平的人文思想教育。对于文理各科研究生来说，人文科学原理则是知识发生学深度的文理学科边缘融会贯通训练，它具有创造学的意义。

(7) 科学的原理

人文学科承担着从各个学科角度培育人文素质的教化实践功能，这种实践教化性质所以不能被观念理论形态的人文科学原理取代，一是由于人文学科教化的实践性（包含知意情的感性）必须体现于各门人文学科践履过程中；二是与此种践履过程性紧密关联的人文学科的具体性与个案性对概念思维的限定。从而，人文教育必须渗透于义务教育阶段为主干的普通教育全过程中；高等教育的人文科学原理教学只构成为人文教育这一总体工程的观念理论部分。（人文科学导论）

(8) 文化的传统

在推进和谐社会建设的过程中，自然科学的发展可以提供技术支撑，而人文科学的发展可以提供精神动力。中华民族有着深厚的文化积淀，其中蕴涵着许多有利于和谐文化建设的优秀文化传统。比如，传统文化中的「仁、义、礼、智、信」等美德，对于培育文明道德风尚，在全社会树立社会主义荣辱观，形成知荣辱、讲正气、促和谐的良好风尚和扶贫济困、礼让宽容的人际关系具有借鉴意义；传统文化中的「和合」思想强调把矛盾保持在非对抗的范围内，主张通过承认和尊重「不同」以寻求统一，对于培育和谐理念与和谐思维具有借鉴意义；传统文化中的「天人合一」、「道法自然」等思想。

(9) 人文的精神

繁荣发展人文科学有利于保持和谐社会建设的正确方向。人文科学的核心内容——人文精神对于保持和谐社会建设的正确方向具有重要作用。人文精神由人类优秀文化积淀凝聚而成，并随着时代发展而不断丰富。当代人文精神，强调引导科学技术的正向发展，强调科学家的社会责任；主张尊重科学和理性，但又不迷信科学；注重引导人们求真向善，赋予人类的生产生活以及科学活动本身以意义和价值；等等。

(10) 社会的和谐

繁荣发展人文科学有利于促进个人心理和谐。社会的和谐离不开个人的心理和谐。促进人的心理和谐，需要通过繁荣发展人文科学来提升人们的人文素质。人文素质包括许多内容，其核心是让人们「学会做人」，做一个有良知、有智慧、有修养的人。因此，在推进和谐社会建设的过程中，应大力繁荣发展人文科学，借助人文科学的智慧，引导人们正确把握人生的目的、意义和价值，正确对待自己、他人和社会，正确对待困难、挫折和荣誉，塑造自尊自信、理性平和、积极向上的社会心态。（彭书雄）（2007.6.13.人民日报）

第一章：学习观 Study Vision

第三讲：理事无碍 Judgment Stage（证成次第） 12、社会科学

（1）社会的科学

社会科学是用科学的方法，研究人类社会的种种现象。如社会学研究人类社会（主要是当代），政治学研究政治、政策和有关的活动，经济学研究资源分配。广义的「社会科学」，是人文学科和社会科学的统称，包括了人文学科。

（2）政治学研究

政治学是一门以研究政治行为、政治体制以及政治相关领域为主的社会科学学科。在西方，政治学在学术领域里的研究也被称为政治研究、或只有政治两字。政治学意味着在学术上的研究领域，政治研究则代表了更广泛的研究领域。

（3）法律学研究

法学是社会科学中一门特殊的科学，研究「法」这一特定社会现象及其规律。法学肯定法律对于社会的制约和调整。从而，法学成为教育全体人民遵纪守法，具有特殊的价值。现代的法学，是指研究法律的科学。但是关于法学与科学的关系有不同的看法，这主要涉及价值论的研究是不是科学的问题。

（4）经济学研究

经常学是一门研究人类行为及如何将有限或者稀缺资源进行合理配置的社会科学。所谓社会科学就是研究人的行为与群我关系的学科，或以行为科学称之。而经济学所研究的就是个人与社会的经济行为。所谓的经济行为就是选择的行为。

（5）历史学研究

历史学，简称史学，是专门研究历史的学科，一般而言，其专指整理与研究人类有文字以来所留下的文字与图像记录的学科。

第一章：学习观 Study Vision
第三讲：理事无碍 Judgment Stage（证成次第）12、社会科学

(6) *语言学研究*

语言学是研究人类语言的科学。语言学和语言学习不同，学习语言是一个语文学习，倡基础语言学是研究所有人类语文之后的相同规则（通常只有根据语言，非文字）。传统上，语言学是文化人类学的分支学科，但是现在语言学越来越独立了。语言学研究句法和词语等语言的描述，也研究语言的发展史。

(7) *教育学研究*

教育学是一门研究教育问题，探索教育规律的科学或艺术。研究教育是每个教育工作者的本职工作。研究教育的专家称为教育学家。

(8) *管理学研究*

管理科学（Management Science）是一门研究人类管理活动规律及其应用的科学。它偏重于用一些工具和方法来解决管理上的问题，如用运筹学、统计学等来定量定性分析。以前管理科学主要用运筹学来解决管理中碰到的问题。近十几年管理科学发展很快，它已经不单单是用运筹学来分析一些具体问题，而是用自然科学与社会科学两大领域的综合性交叉科学来分析如运作管理，人力资源管理，风险管理与不确定性决策，复杂系统的演化、涌现、自适应、自组织、自相似的机理等。已经不是一个运筹学所能涵盖的。

(9) *心理学研究*

心理学研究涉及知觉、认知、情绪、人格、行为和人际关系等许多领域，也与日常生活的许多领域——家庭、教育、健康等发生关联。心理学一方面尝试用大脑运作来解释个人基本的行为与心理机能，同时，心理学也尝试解释个人心理机能在社会社会行为与社会动力中的角色；同时它也与神经科学、医学、生物学等科学有关，因为这些科学所探讨的生理作用会影响个人的心智。

(10) *社会学研究*

社会学起源于19世纪末期，是一门研究人类社会的知识学科。社会学家通常跟经济学、政治学、人类学、心理学一起并列于社会科学底下来研究。因其兴起的历史背景，社会学研究的重心很大一部份放在现代社会中的各种生活实态，或是当代社会如何形成演化以至今日的过程，不但注重描述现况，也不忽略社会变迁。社会学的研究对象范围广泛，小到几个人面对面的日常互动，大到全球化的社会趋势及潮流。家庭、各式各样的组织、企业工厂等经济体制、城市、市场、政党、国家、文化、媒体等都是社会学研究的对象，而这些研究对象的共通点是一些具有社会性的社会事实。虽然「社会性」的定义在不同学派之间仍有争执，但社会事实外在于个人，且对个人的行为跟认知有影响，这一点是大致上为社会学者所共同接受的。（wikipedia）

第一章：学习观 Study Vision
第三讲：理事无碍 Judgment Stage（证成次第） 13、自然科学

(1) 自然的科学

自然科学是研究大自然中有机或无机的事物和现象的科学。自然科学包括天文学、物理学、化学、地球科学、生物学等等。关于数学是否是自然科学存在着争议。有人认为数学是一门人文科学，也有人认为数学是哲学的分支，是逻辑学的一部分。但数学与自然科学之间息息相关的关系是无可争辩的。

(2) 物理学研究

在物理学的领域中，研究的是宇宙的基本组成要素：物质、能量、空间、时间及它们的交互作用；藉由被分析的基本定律与法则来完整了解这个系统。物理在古典时代是由与它极想像的自然哲学的研究所组成的，直到十九世纪物理才从哲学中分离出来成为一门实证科学。在现代，物理学已经成为自然科学中最基础的学科之一。物理学理论通常以数学的形式表达出来。经过大量严格的实验验证的物理学规律被称为物理学定律。然而如同其他很多自然科学理论一样，这些定律不能被证明，其正确性只能经过反复的实验来检验。物理学与其他许多自然科学息息相关，如化学、生物、天文和地质等。特别是化学。化学与某些物理学领域的关系深远，如量子力学、热力学和电磁学。

(3) 化学为中心

化学是一门研究物质的性质、组成、结构、变化，以及物质间相互作用关系的科学。「化学」一词，若单从字面解释就是「变化的科学」之意。化学如同物理皆为自然科学之基础科学。很多人称化学为「中心科学」（Central science），因为化学为部分科学学门的核心，例如材料科学、奈米科技、生物化学。

(4) 现代地理学

现代地理学则是作为一个全面涵盖的学科，其重点是寻求理解世界、全部有关人类及自然的复杂性——不仅仅只是「知其然」，而要做到「知其所以然」。地理学作为「人类与此同时物理科学」（physical sciences）的桥梁，分为两大分支——人文地理学及自然地理学（Physical geography）。中国古代最早的地理书籍包括了《禹贡》和《山海经》等。古代的地理学主要探索关于地球形状、大小有关的测量方法，或对已知的地区和国家进行描述。

(5) 海洋学研究

海洋学是研究海洋的自然现象、性质及其变化规律，以及开发利用海洋的知识体系。是地球科学的组成部分。海洋学与物理学、化学、生物学、地质学以及大气科学、水文科学等密切相关。

第一章：学习观 Study Vision

第三讲：理事无碍 Judgment Stage（证成次第）13、自然科学

(6) 环境的科学

环境科学是一门研究环境内的物质、化学和生物之间交互作用的学说。特别关注人类活动所带来的环境污染和退化，以及区域性和全球性发展对生物多样性和持续性的冲击。环境科学是一门横跨不同学术领域的学科，它采纳各种基础科学的理论，同时也从非科学学术中撷取学说，例如经济学、法律学和社会人文学。物理学被用来了解物质和物能交互作用的变迁，并建立环境现象的数据模型。化学用来了解自然界原子的交互作用。生物学是基础学说，用来解说植物和动物圈内所受的影响。

(7) 电脑的科学

电脑科学是一门包含各种各样与计算和信息处理相关主题的系统学科，从抽象的演算法分析、形式化语法等等，到更具体的主题如程式语言、程序设计、软体和硬体等。作为一门学科，它与数学、电脑程序设计、软体工程和电脑工程有显著的不同，却通常被混淆，尽管这些学科之间存在不同程序的交叉和覆盖。

(8) 气象学研究

气象学是把大气当作研究的客体，从定性和定量两方面来说明大气特征的学科，集中研究大气的天气情况和变化规律对天气的预报。气象学是大气科学的一个分支。

(9) 地球的科学

地球科学是指一切研究地球的科学，是行星科学的专门分支。各学科通常会以物理、地理、地质、气象、数学、化学、生物的角度研究地球。矿物学是运用物理学（如X光绕射）、化学方法（化学计量）等不同领域来研究矿物的物理、化学性质、晶体结构、自然分布和状态的一门科学，包括以下相关知识：

(10) 天文学研究

天文学是观察和研究宇宙间天体的学科，它研究天体的分布、运动、位置、状态、结构、组成、性质及起源和演化，是自然科学中一门基础学科。天文学与其他自然科学的一个显著不同之处在于，天文学的实验方法是观测，通过观测来收集天体的各种信息。因而对观测方法和观测手段的研究，是天文学家努力研究的一个方向。在古代，天文学还与历法的制定有不可分割的关系。现代天文学已经发展成为观测全电磁波段的科学。（**wikipedia**）

第一章：学习观 Study Vision

第三讲：理事无碍 Judgment Stage（证成次第） 14、生命科学

（1）生命的科学

生物学，又称生命科学或是生物科学，是研究生命物质各个层次的结构、功能、行为、教育、起源、进化规律及与环境之间相互关系的经验科学。生物学这名词最早由法国博物学家拉马克于1802年提出。近年来在分子生物学进展跃进下，以核酸为物种间的共同语言，探讨范围除生物体本身，更包括生物体和环境，心理学等等领域，成为一门整合性的科学。

（2）生物化学史

生物化学为人所知应该是在1833年，由Anselme Payen发现了第一种酶，淀粉酶。1828年，Friedrich Wohler发表了关于尿素的合成的一篇文章，提出了有机化合物可以人工合成，当时普遍的认识是有机化合物只能由活的生物体产生。从那时起，尤其是从20世纪中期开始，随着各种新技术的发展，例如色谱，X射线晶体学，核磁共振，放射性同位素标记，电子显微学以及分子动力学模拟，生物化学有了极大的发展。这些技术可以让人们发现并仔细分析细胞中的许多分子和代谢途径，例如糖酵解和三羧酸循环。今天，生物化学上的发现被应用于许多领域，从遗传学到分子生物学，从农业到医学。生物化学的应用，在远古时代，埃及人利用酵母酿酒就已开始。

（3）生物的化学

生物化学是研究生物体内发生的化学反应和相互作用的学科，被应用于研究细胞中各组分（例如蛋白质、碳水化合物、脂类、核酸以及其他生物分子）的结构和功能。生物化学被广泛应用于蛋白质各项化学性质的研究，特别是应用于酶促反应的研究。

（4）遗传的科学

遗传学是一门科学，专门研究生物体的遗传与变异。遗传学最早的应彤在有历史记载之初就已经出现了，即驯养动物及植物的选择育种。遗传信息以化学方法被编码在DNA（脱氧核糖核酸）中。基因组学是研究特定物种所有DNA的学科。

（5）基因的科学

遗传工程又称基因工程，是利用DNA重组技术，将目的基因与载体DNA在体外进行重组，然后把这种重组DNA分子引入受体细胞，并使之增殖和表达的技术。如果将一种生物的DNA中的某个遗传密码片断连接到另外一种生物的DNA链上去，将DNA重新组织一下，就可以按照人类的愿望，设计出新的遗传物质并创造出新的生物类型，这基因工程一般包括四个步骤：一是取得符合人们要求的DNA片段，这种DNA片段被称为「目的基因」；二是将目的基因与质粒J或病毒DNA连接成重组DNA；三是把重组DNA引入某种细胞；四是把目的基因能表达的受体细胞挑选出来。

第一章：学习观 Study Vision

第三讲：理事无碍 Judgment Stage（证成次第） 14、生命科学

(6) 超越心理学

研究在实验室或日常生活中进行，虽然超心理学和心理学（psychical research）两词大致等同，但某些过去认为是心灵研究的课题，如催眠，在超心理学一词出现后已成为「正统」心理学的内容，因而超心理学只包括那些根据今日知识看来具有超常成分的课题。此外，超心理学主要用于指采取科学方法对超常现象的研究。1930年代莱因（J.B.Rhine）因使用实验室方法进行超心理学研究而闻名，由于他的推广，超心理学一词遂在英语世界中普及。莱因取得的正面成果会对科学界产生很大影响，但后来他人发现难以重复他的结果，于是兴趣也随之减退。现在超常现象是否存在仍有争论，但日益精巧的实验方法可能会提高不同实验室间结果的可重复性，同时，对超心理学的科学研究方式也逐渐受到尊重。

(7) 人体的科学

人体科学，是指研究包括人体特异功能、中国传统医学、气功、智力开发的科学。中国著名科学家钱学森指出：「人体是一个开放的复杂巨系统。」「对人体科学的深入研究，必将充分改变人类的认识与改造自然的能力，造福人类。这可能导致一场21世纪新的科学革命，也许比20世纪初的量子力学、相对论更大的科学革命。一定会招来一个第二次文艺复兴，是人类历史的再次飞跃。」「气功、中医理论和体特异功能蕴育着人体科学最根本的道理，不是神秘的，而是同现代科学技术最前沿的发展密切相关的，因而它们本身就昌科学技术的重大研究课题。」

(8) 针灸全球化

在国际上，针灸在引起医学界极大兴趣，世界卫生组织的观点认为，针灸已被证实在减轻手术后疼痛、怀孕期反胃、化疗所产生的反胃和呕吐、牙齿疼痛方面是有效的且其副作用非常低。WHO认为很多针灸和一些草药的有效性得到了科学双盲研究的较强支持，但是对于其它的传统疗法还需要进行进一步研究，而且不能忽视未经研究的传统疗法存在的安全性与危险性等问题。WHO在2002年5月26日发表「2002-2005年传统医药研究全球策略」，邀请全球180余国将替代医学纳入该国的医疗政策。

(9) 中医学理论

中医学以阴阳五行作为理论基础，将人体看成是气、形、神的统一体，通过望、闻、问、切，四诊合参的方法，探求病因、病性、病位、分析病机及人体内五脏六腑、经络关节、气血津液的变化、判断邪正消长，进而得出病名，归纳出证型，以辨证论治原则，制定「汗、吐、下、和、温、清、补、消」等治法，使用中药、针灸、推拿、按摩、拔罐、气功、食疗等多种治疗手段，使人体达到阴阳调和而康复。

(10) 超常的现象

超常现象是英文「anomalous phenomenon」的翻译，是指与科学和常识相互矛盾的现象。因为超常现象无法用已存在的逻辑架构、或普通被接受的现实知识来解释。这些真实性并未确定的现象，通常不被主流的科学家所承认。这些「难以再现」的超常现象被认为是伪科学，有一部分是因为科学是需要能重现、重制的现象来证实的。这些包含拥有特异功能的人类（预知、透视、意念显影），以及在偶然的情况下发生，但无法以常理来说明的事件，例如：图坦卡门的诅咒、灵异照片等。也有其他的类似现象被认定为确有其事，却无法立即解释。例如，许多人皆普看过不明飞行物（UFO）：但彼此对不明飞行物的解释却有很大差异。通古斯大爆炸是一种明显而无法否认的超常现象，但是关于爆炸的原因，却从慧星到超空间撕裂（cross-dimensional rips）的解释都有。（wikipedia）

第一章：学习观 Study Vision

第三讲：理事无碍 Judgment Stage（证成次第） 15、宗教科学

(1) 宗教的研究

宗教学（Religious Studies），一般指以研究各种宗教形成、发展、变化、成果、理论、著作的一门人文学学科。宗教学与神学都以宗教为研究对象，其差异在于宗教学较由从宗教外部的各种角度来观察分析宗教，并经常与其他相关学科如社会学、人类学、心理学、历史学等结合。宗教学相较于神学是较新兴的学科，例如在美国约在1950年代才出现宗教学相关科系。

(2) 宗教历史学

宗教史学（History of Religions）始于19世纪末叶，研究宗教起源、发展及其性质的学科，与考古学、古语学等学科交叉，也可只研究某一特定宗教的历史（如佛教史），或只研究某一因素的历史（如宗教观念史）。

(3) 宗教人类学

宗教人类学（Anthropology of Religion）始于19世纪，研究处于无文字阶段的原始民族中的宗教信仰及其各种因素、探索远古时代的原始宗教。与宗教社会学不同的是，它较倾重于原始宗教。随着西方殖民扩张的传教活动发展，宗教学家在大洋洲、非洲等地的原始部落中进行实地考察，掌握了大量土著文化及其宗教资料加以整理，令宗教人类学得以迅速发展。宗教人类学著重传统的田野调查、统计学及象征体系的比较方法，与民俗学及民族学交叉。代表学说有万物有灵论、前万物有灵论、巫术论、原始一神论、功能论及神话结构学说等。

(4) 宗教社会学

宗教社会学（Sociology of religion）是研究神灵观念的产生、信仰神灵的社会因素和宗教信仰对社会生活之影响。实际上，宗教社会学是研究宗教与社会的相互关系，为社会学分支的学科。

(5) 宗教心理学

宗教心理学(Psychology of Religion)创立于19世纪末期，始创人为詹姆斯（William James），他在其著作《宗教经验的种种》中讨论了宗教经验问题，宗教心理学的研究对象包括个人及群体在宗教活动中特有的心理现象（现象）、宗教对个人心理过程和个性特征发展的影响（影响），广义的宗教意识及宗教情感等，以心理学角度研究宗教起源、功能、意识本质、意识起因、意识发展、宗教经验的心理反应、宗教象征的心理作用等，涉及观察心理学、实验心理学、精神分析和深层心理学等。在宗教起源问题方面，主要学说有认知说、情绪说及意动说。而在宗教功能问题上，主要认为有利己、价值、认识、合群社会化等功能。（wikipedia）

第一章：学习观 Study Vision

第三讲：理事无碍 Judgment Stage（证成次第） 15、宗教科学

(6) 宗教与科学

根据Dr.Niels Bohr，诺贝尔物理学得奖者以及在1921年初次发明著明的「量子力学说」（Theory of Quantum），所说，虽然科学不能告诉我们生命的意义，但科学和宗教，特别是东方的宗教，例如佛教，要平行地研究。除此之外，提出相对论的爱因斯坦（Albert Einstein）也说过：「没有宗教的科学是瞎子；没有科学的宗教是跛子。」

(7) 宗教论科学

在基督教的圣经中，只有旧约提到「科学」，创世纪中提到万物的形成。但在佛经中，佛陀经常提到科学（宇宙观、科学观）这一方面的问题。佛陀在科学上的教化不如脱离生死的教化那么明显，是因为佛陀要把他的教化集中在断生死方面。

(8) 宇宙的形成

这宇宙的形成，不同宗教有不同的说法。基督教，以及大部份的宗教，都说上帝创造宇宙万物，所谓「神造论」，唯有佛法以「业」、「因缘」来说明这个宇宙形成的原因。现在的科学中，有三个比较可以接受的推论——「宇宙大爆炸论」（Big Bang），「稳恒态假说」（steady state）和「宇宙大泡泡学说」（Big Bubble），而三个学说都以因缘、成住坏空等佛法的道理来做基础。这三个学说和佛经中所提到的十分吻合。

(9) 宗教论天文

天文学家和物理学家们也发现了另一个十分有趣的现象，这个宇宙正在扩张。科学家们分析了很多银河系和星球的光谱以后，发现每一个光谱都有一个「红向移动」（Red Shift）的现象，而「红向移动」是代表地球和被观察物的距离正在增大。其实在1917年，荷兰天文学家willem de sitter已经以理论上的观点和广义相对论（General Theory of Relativity）的公式，断定宇宙正在扩张。Blais Pascal，十七世纪的数学和哲学家，曾经说：「宇宙无穷无尽，处处为中心，无边亦无际！」而佛经也常提到「三千大千世界」或「十万亿佛土」。

(10) 宗教论宇宙

在宇宙中，要找「住」「坏」「空」的银河系或星球是很容易的，但要找一个「成」的银河系或星球是十分困难的，尤其是银河系，简直是没有可能；但是，现在美国太空总署（NASA）的天文学家和物理学家们正在建筑一座世界最大的天文望远镜（Bubble Space Telescope），可以看到好几十亿光年以外的银河系，那就是可以看到好几十亿年前银河系初形成时候的样子。另一方面，天文学家可看到不少星球的「成」。在1947年，天文学家为猎户座大星云（Orion Nebula）中的五个星球拍了照片；1954年，在同一个地方，星球数目增加至七个。天文学家相信这是金牛座T型星（T-Tauri）的早期发展状态。（郭凯宁）

Thldl
领导力培训专家

清華大學

中华国学再造领导力
企业家高级研修班 讲义

企 业 禅

第一章

学 习 观

第四讲 事事无碍

编讲人：强梵畅
Edited by Victor Chiang
中国北京大学宗教学系 兼任研究员
Research Fellow
Department of Religious Studies
Peking University , Beijing , China

清華大學 领导力培训项目网
Tsinghua University Training of Leadership

CCEO-A1-B4-01

第一章 学习观 总纲目

第一讲 理无碍	第二讲 事无碍	第三讲 理事无碍	第四讲 事事无碍
⬇	⬇	⬇	⬇
人生基础	生活文化	人文科学	伦理哲学
语文基础	艺术文化	社会科学	经济哲学
专业基础	民族文化	自然科学	政治哲学
科技基础	社会文化	生命科学	人生哲学
法律基础	宗教文化	宗教科学	宗教哲学

第一章　学习观　四讲　事事无碍

◆ *16、伦理哲学*
（1）伦理学定义（2）生命伦理学（3）价值观标准（4）道德与礼教（5）干细胞争议（6）克隆的争议（7）近亲的繁殖（8）安乐死争议
（9）性教育争议（10）同性的婚姻

◆ *17、经济哲学*
（1）中国市场经济（2）社会市场经济（3）自由市场经济（4）资本主义经济（5）马克思的经济（6）重农主义经济（7）艺大经济学派（8）计量经济学派
（9）新凯思斯经济（10）重商的经济论

◆ *18、政治哲学*
（1）三派社会主义（2）西方社会主义（3）混合资本主义（4）情境功利主义（5）普遍功利主义（6）早期功利主义（7）规则功利主义（8）团体集体主义
（9）自由放任主义（10）政治个人主义

◆ *19、人生哲学*
（1）原始的芒昧（2）人生的雾团（3）人生的艰难（4）人为求生存（5）人生的无奈（6）饮食男女难（7）人求名位难（8）真实的人生
（9）天才的道路（10）圣贤的道路

◆ *20、宗教哲学*
（1）万物有灵论（2）原始一神论（3）宗教功能论（4）神话结构论（5）原始巫术论（6）宗教理智论（7）宗教情感论（8）宗教意志论
（9）宗教排他论（10）宗教多元论

第一章：学习观 Study Vision

第四讲：事事无碍 Successful Stage（圆满次第）　16、伦理哲学

（1）伦理学定义

伦理学的西方历史十分悠久，其源头可以在最古老的史诗与神话中考究。伦理学是对人类道德生活进行系统思考和研究的学科。它试图从理论层面建构一种指导行为的法则体系，即"我们应该怎样处理此类处境"，"我们为什么、依据什么这样处理"，并且对其进行严格的评判。伦理学是哲学的一个分支学科，也称为道德哲学或道德学。

（2）生命伦理学

生命伦理学关注的是生物学、医学、控制论、政治、法律、哲学和神学这些领域的互相关系中产生的问题。对于涉及生物学的议题相应该接受多少道德判断的尺度，存在着很大的争议。有些生命伦理学家会将道德判断的尺度缩限在医疗或科技发明的道德上，以及对人体实施医疗的时间点上。有些生命伦理学家则会将道德判断的尺度扩大到施加在会感到恐惧和痛苦的生命体的一切行为上。

（3）价值观标准

价值观是一种处理事情判断对错、做选择时取舍的标准。价值观也可以说是一种深藏于内心的准绳，在面临抉择时的一项依据。价值观会指引一个人去从事某些行为，例如："诚信"的价值观，会让人坦承面对困境及对别人说明事情的真相，提升别人对其的信任度。"纪律"的价值观，会让人依规定行事，产生执行力。"关怀"的价值观，会让人关心别人，了解别人的困境，让别人有同理心。不同的价值观会产生不同的行为模式，进而产生不同的社会文化。"自我"的价值观，会使人"自我中心"。

（4）道德与礼教

道德在不同的文化、哲学、宗教等等之中，有不同的标准。但普遍相信人类世界有很大部分的道德观点是相同的。道德很多时候跟"良心"一起谈及，而良心就是推动和出良好行为的道德意识。在现代的用法中，道德则和礼教的意义相近，是指一种在社会生活实践中形成和发展，可以用善恶标准进行评价的个体意识、社会意识、人格品质规范，和调整人与人、人与自然关系的行为规范；是与这类意识和规范相联系的行为活动；以及通过这些活动所结成的社会关系的体系。

（5）干细胞争议

干细胞（Stem cells）是原始的未特化的细胞，它是有潜力保留了特化出其它细胞类型的能力。这一能力使得干细胞能够担当身体的修复系统，只要生物还活着，就补充其它细胞。医学研究者认为干细胞研究（也称为再生医学）有潜力通过用于修复特定的组织或生长器官，改变人类疾病的应对方法。但是美国政府的国家卫生研究院（National Institutes of Health）报告指出，"重要的技术障碍仍然存在，通过几年的集中研究才能克服。"

第一章：学习观 Study Vision

第四讲：事事无碍 Successful Stage（圆满次第） 16、伦理哲学

(6) 克隆的争议

克隆（Clone），广义上是指制造出与某物完全相同的复制品。在生物学上，是指选择性地复制出一段DNA序列（分子克隆）、细胞（细胞克隆）或是个体克隆。克隆通常是一种生物技术，以人工诱导的无性生殖方式或者自然的无性生殖（例如：植物），产生与原个体有完全相同基因组之后代的过程。一个克隆就是一个多细胞生物在遗传上与另外一种生物完全一样。克隆可以是自然克隆，例如：无性生殖或是由于偶然的原因产生两个遗传上完全一样的个体（就像同卵双生一样）。但是，我们通常所说的克隆是指通过有意识的设计来产生的完全一样的复本。

(7) 近亲的繁殖

近亲繁于或近亲交配，简称近交，是指在生物（动物或植物）在近亲之间进行的繁殖行为。对动物而言，一般指交配双方在3代内有共同祖先，即亲缘系数在6.25%-25%之间。如果长期重复进行会导致遗传多样性的减少，增加不良隐性性状的基因表达，导致近交衰退。

(8) 安乐死争议

安乐死（euthanasia）是一种给予患有不治之症的人以无痛楚或尽量减少痛楚地致死的行为或措施，一般用于在个别患者出现了无法医治的长期显性病症，因病情到了晚期或不治之症，对病人造成极大的负担，不愿再受病痛折磨而采取的了结生命的措施时，经过医生和病人双方同意后进行，以通过提前死亡的方式减轻痛苦。安乐死在许多国家引发了很大的争议（例如美国的特丽·夏沃的案）。目前已立法容许安乐死的地方有荷兰、比利时、美国奥勒岗州等等。

(9) 性教育争议

探讨生殖行为的教育，一般将创造继起之生命的过程分阶段叙述，包括受孕、胚胎与胎盘的发展，妊娠和分娩。经常也包括如性交传染疾病（性病）和预防，以及避孕。特别是在美国，部分性方面的主题仍有许多具争议的讨论。主要的争议重点在未成年人的性自由是宝贵的还是有害的，对避孕技术的教导如保险套或生殖控制药片增加还是减少婚姻的枷锁、青少年怀孕和性病。后天性免疫不全综合症（AIDS）的存在让性教育的主题更加有急迫性。

(10) 同性的婚姻

在20世纪晚期和21世纪早期，以及有一些要求将婚姻扩展到同性之间的运动开始发展起来。法律认定的婚姻结合对一系列的权利开发，包括社会保险、纳税、继承以及其它在法律上从未婚夫妇角度看难以获得的权利。法律上对婚姻的认同方式排除了同性之间的情侣选择取得这些权利的权力（在法律上没有阻碍的异性恋婚姻有选择在法律上结婚并取得这些权利的选择权，但是同性恋情侣之间则没有这种选择权）。对同性婚姻的法律认同的缺乏也同样给同性恋情侣领养子女带来了阻力。（wikipedia）

第一章：学习观 Study Vision
第四讲：事事无碍 Successful Stage（圆满次第） 17、经济哲学

(1) 中国市场经济

中国大陆实行社会主义市场经济。具有市场经济和政府宏观调控的特色。他们所宣传的定义是"在国家宏观调控下市场起基础性作用的经济体系"，所宣传的基本特征是："坚持公有制为主体；以共同富裕为目标；能够实行强有力的宏观调控。"

(2) 社会市场经济

第二次世界大战结束以来，联邦德国第一任经济部长、后又曾担任联邦总理的路德维希•艾哈德主持建立了社会市场经济制度，既背离了过去曼彻斯特自由主义，又摈弃了在经营与投资方面由国家决定的统制经济。国家在市场经济中主要负有调节的任务，它规定市场活动的框架条件，尽可能地放弃对价格和工资形成的直接干预，通过提高消费者机会、刺激技术进步和创新、按劳分配收入和利润的方式来使市场中的各种力量自由发挥作用。它限制市场力量的过分积累，在主张市场有序竞争的同时，强调社会责任，主张高税收高福利。

(3) 自由市场经济

市场经济（又称为自由市场经济或自由企业经济）是一种经济体系，在这种体系下产品和服务的生产及销售完全由自由市场的自由价格机制所引导，而不是像计划经济一般由国家所引导。市场经济也被用作资本主义的同义词。在市场经济里并没有一个中央协调的体制来指引其运作，但是在理论上，市场将会透过产品和服务的供给和需求产生复杂的相互作用，进而达成自我组织的效果。市场经济的支持者通常主张，人们所追求的私利其实是一个社会最好的利益。

(4) 资本主义经济

资本主义政治经济学以亚当•斯密的《国富论》为代表作，主要强调自由竞争，认为市场有自动调节的功能，政府不应干扰资本的运营，政府的作用只是维护自由竞争的秩序。早期的资本主义国家都是依照自由竞争的法则管理经济的。但自由竞争发展到一定时期必然导致周期性的经济危机，执行自由竞争政策最为彻底的美国发生的经济危机最严重。马克思最早指出其潜在的危害。后期资本主义的政治经济学家也认识到其不足，凯恩斯主义的出现开始强调政府的宏观调控作用，在美国大萧条时期，罗斯福总统最早打破自由竞争的理论，在新政中大胆引入计划经济的因素，执行政府干预市场的政策，从此，所有的资本主义国家一律开始进行改革，总的改革方向都是向左转，引入社会主义政治经济学的计划经济因素。

(5) 马克思的经济

马克思研究了资本主义经济学的理论和英国历年的经济统计资料，对资本主义经济学理论进行了分析和批判。马克思提出了剩余价值理论，认为劳动的付出没有得到同样的回报，剩余价值被没有付出劳动的"资本"所剥削。生产资料的私人占有和产品的社会化必然会导致产生周期性的经济危机，解决的办法只有实行计划经济。历史上没有一个经济学家可以提出一贴万应灵药，人类对经济规律的理解还只是处于一种大致定性的状态.

第一章：学习观 Study Vision
第四讲：事事无碍 Successful Stage（圆满次第） 17、经济哲学

(6) 重农主义经济

重农主义（Physiocracy，也称重农学派）是起源于法国的经济理论，以 1750年代~1770年代初的魁奈和杜尔戈为主要代表，是对资本主义生产的第一个系统解释。重农主义者认为一个国家所有的财富的唯一来源是农业生产，提出自然秩序的概念，按资本主义方式经营的农业来概括资本主义的生产经营活动，分析资本流通和再生产。重农主义的最早思想起源于古希腊学者色诺芬的著作《经济论》。重农主义在18世纪晚期非常流行，是最早的、较为完整的经济理论。重农主义者谴责城市生活，赞美农民及自然的生活方式。

(7) 芝大经济学派

芝加哥经济学派是一个柔性的经济学论述集团，其成员以美国芝加哥大学经济系的师生所组成，其学派捍卫的核心价值是经济学的新古典派经济学，相信市场机制跟自由放任，反对任何形式的干预，反对社会主义计划经济跟凯恩斯主义。20世纪的1950年代起因为芝加哥学派采用计量经济学的方式企图证明凯恩斯学说的错谬而一举成名。一时之间，该学派成为经济学界抵抗凯恩斯主义的前哨站。

(8) 计量经济学派

计量经济学（英文：Econometrics），是以数理经济学和数理统计学为方法论基础，对于经济问题试图对理论上的数量接近和经验（实证）上的数量接近这两者进行综合而产生的经济学分支。计量经济学是结合经济理论与数理统计而以实际经济资料作定量分析的研究方式，以古典回归（Classical Regression）分析方法为出发而依资料形态区分为：面板数据分析（Panel Data Analysis）\(Limited-Dependent and Qualitative Variables Analysis)、时间序列方法分析方法（Time Series analysis）等。

(9) 新凯恩斯经济

新凯恩斯经济学（New Keynesian Economics）是相对于传统凯恩斯经济学只进行价格刚性的存在假设下的分析，进一步把为什么价格是刚性的也作为分析对象进行的宏观经济分析领域。价格刚性的原因，譬如有菜单成本、效率工资，协调失败等。另外，新旧之分体现在更多的寻求微观基础。简单的说，原先事先假定了的东西被得到了更多的微观深化，使得逻辑更加完整。同时，微观基础的建立也让经济学家能够比较彼此的福利水准。但是，最近的趋势却在朝着难以辨别新古典派经济学与新凯恩斯经济学的方向迈进。由于大家有了建立在微观基础上进行政策争论的前提，使得以前不能讨论的问题变得可能。新古典主义经济学承认了市场的失败，而新凯恩斯主义也承认了市场调节的重要性。由此，争论由学派之争，转变为互相承认、互相切磋，随之政策争论更向细部延伸。

(10) 重商的经济论

重商主义（mercantilism，也称作"商业本位"，16至18世纪）是封建主义解体之后16~17世纪是西欧资本原始积累时期的一种经济理论或经济体系，该名称最初是由亚当•斯密在《国民财富的性质和原因的研究》（《国富论》）一书中提出来的。学术界代表人物是斯图尔特，政界的著名代表人物是法国路易十四的大臣让-巴普蒂斯特•柯尔贝尔，因此重商主义也被称作"柯尔贝尔主义"（Colbertism）。这一时期商业资本兴起，促使封建自然经济瓦解，各国国内市场统一，并通过圣殖民地的掠夺和对外贸易的扩张积累了大量货币财富，推动了工场手工业发展，因而产生了代表商业资本利益和要求的重商主义经济思想。（WiKipedia）

第一章：学习观 Study Vision
第四讲：事事无碍 Successful Stage（圆满次第） 18、政治哲学

(1) 三派社会主义

目前，社会主义最少有三种流派，即当今朝鲜的主体思想，当今中华人民共和国的有中国特色的社会主义，以及当今北欧的民主社会主义。原来的流派之一纳粹主义国家已经于二战倒台，另一流派共产主义国家在苏联解体与东欧剧变后迅速减少，不过又有不少新的各种社会主义流派在当今的资本主义国家中产生。

(2) 西方社会主义

西方模式的社会主义则是通过和平（选举、捐赠）或合法（罢工、游行）的政策来实现社会主义。包括空想社会主义者、社会民主政党。西方模式的社会主义并没有得到公认，而在西方真正代表社会主义的恰恰是一些被"社会主义国家"认为是"保守主义"势力奉行反共主义反"社会主义国家"的政党如布希代表的美国共和党，以及英国工党（工人阶级政党）邻袖布莱尔，美英的模式在表现上比苏联与纳粹德国模式更加接近于理想化的社会主义。

(3) 混合资本主义

资本主义并没有准确定义，不同的经济学家也对资本主义有不同的定义，一般而言资本主义指的是一种经济学或经济社会学的制度，在这样的制度下绝大部分的私人所有，并藉着雇佣或劳动的手段以生产工具创造利润。在这种制度里，商品和服务藉由货币在自由市场里流通。投资的决定由私人进行，生产和销售主要由公司和工商业控制并互相竞争，依照各自的利益采取行动。大多数已开发国家都被视为"混合经济"，因为其政府掌控了生产的工具，并且对经济实行干涉主义，而非全然的资本主义。

(4) 情境功利主义

情境功利主义是功利主义的一支，跟其他功利主义派别的不同在于：情境功利主义强调的是"在此时此刻这个情境下，该怎么作才能促进全体快乐值。"而不是问若将此道德律推广到每个人身上会对全体快乐值造成什么影响。举个例子，像说谎一般来说是不对的行为，但在某些情境下，情境功利主义者会认为说谎是对的，像善意的谎言、为保守国家机密而说谎等。

(5) 普遍功利主义

普遍功利主义（general-Utilitarianism）是功利主义的一支，跟其他功利主义派别不同在于：普遍功利主义重视的是"若每个人都按照我现在遵守的道德律作出行为，这个世界会变成什么样子？"最明确的例子是"穷人可不可以夺取富人的财富？"按照情境功利主义，这似乎是可以接受的，因为这可以以促进最大快乐值，但普遍功利主义提醒我们，若每个人都这么作，那社会会变成什么样子？

第一章：学习观 Study Vision
第四讲：事事无碍 Successful Stage（圆满次第）18、政治哲学

(6) 早期功利主义

功利主义（Utilitarianism），即效益主义是道德哲学（伦理学）中的一个理论。提倡追求"最大幸福"（Maximum Happiness）。主要哲学家有约翰•史都华••米尔（John Stuatr Mill）、杰瑞米•边沁（Jeremy Bentham）早在功利主义正式成为哲学理论之前，就有功利主义思想雏形的出现。西元前5世纪的亚里斯提卜（Aristippus）、前4世纪的伊比鸠鲁、中国古代的墨子及其追随者的伦理学中都存在着如何促使最大快乐的思维，他们是古人中的功利主义先驱。近代英国哲学家与伦理学家如坎伯兰（Richard Cumberland）、法兰西斯•哈奇森与休姆都有功利主义的倾向。据边沁指出，他在英国化学家约瑟夫•普利斯特里、法国哲学家爱尔维修（Claude-Adrien Helvetius）、义大法学家贝卡里亚（Cesare Beccaria）以及休姆 等的著作中都发现了功利原则。功利主义正式成为哲学系统是在18世纪末与19世纪初期，由英国哲学家兼经济学家边沁和米尔提出。其基本原则是：一种行为如有助于增进幸福，则为正确的；若导致产生和幸福相反的东西，则为错误的。幸福不仅涉及行为的当事人，也涉及受该行为影响的每一个人。

(7) 规则功利主义

规则功利主义是功利主义的一支，其学说认为，若每个人都永远遵守同一套道德规范，就能产生最大快乐值。常见的应用可见于交通规则，不能像情境功利主义那样，视哪种方法能取得最大快乐值而决定该往左开还是往右开，而是根据既定的规范。若大家都有遵守交通规则，那么交通就能安全便利（最大快乐值）。

(8) 团体集体主义

集体主义，是主张个别人从属于社会，个人利益应当服从集团、民族、阶级和国家利益的一种思想理论，是一种精神。它的最高标准是一切言论和行动符合人民群众的集体利益，这是共产主义和无产阶级世界观的重要内容。其科学含义在于当个人利益和集体利益发生矛盾的时候要服从集体利益。一切行动和言论以集体为重、个人为轻。

(9) 自由放任主义

自由放任，又称自由放任主义或无干涉主义，源自法语的"laissez-faire"（让他做、让他去、让他走），意思就是政府放手让商人自由进行贸易。这一词首先在18世纪由重农主义在字典里使用，以反对政府对贸易的干涉。这一词到了19世纪早期和中期成为了自由市场经学的同义词。自由放任主义反对政府对经济的干涉，并且反对政府征收除了足以维持和平、治安和财产权以久的税赋。

(10) 政治个人主义

个人主义是一种道德的、政治的和社会的哲学，强调个人的自由和个人的重要性，以及"自我独立的美德"、"个人独立"。个人主义反抗权威以及所有试图控制个人的行动——尤其是那些由国家或"社会"施加的强迫力量上。因此个人主义直接的反抗将个人地位置于社会或共同体之下的集体主义。个人主义经常被人与利己主义相混淆，但事实上个人主义与利己主义是不相同的。在政治哲学上，个人主义主张国家应该仅仅作为保护个人自由的工具，保护个人能在不侵犯他人同等自由的情况下作出任何他想做的事情。这与集体主义的理论相反，集体主义要求国家必须迫使个人替社会的整体利益服务。个人主义也与法西斯主义相较，法西斯要求个人必须替国家的利益服务。个人主义一词也被用以描述"个人的进取性"和"个人的自由"——或许更明白的说便是法语里的"自由放任"（laissez faire）一词。（WiKipedia）

第一章：学习观 Study Vision
第四讲：事事无碍 Successful Stage（圆满次第） 19、人生哲学

(1) 原始的芒昧

人生的艰难，与人生之原始的芒昧俱始。庄子说"人之生也，与忧俱生"，又说"人之生也，固若是芒乎？其我独芒，而人亦有不芒者乎？"而当其一天一天的长大，即一天一天的增加其对环境之亲密与熟悉，而要执取环境中之物为其所有，并同时负荷着其内在之无穷愿欲，在环境中挣扎奋斗；亦必然要承担一切环境与他的愿欲间，所发生之一切冲激、震荡，忍受着由此内在愿欲与外在环境而来之一切压迫、威胁、苦痛、艰难。这是一切个体的人生同无可逃避的命运。一切个体人生，如是如是地负荷了、承担了、忍受了。由青年、而壮年、中年、老了、死了。一切人的死，同是孤独的死。各人只能携带其绝对的孤独，各自走入寂寞的不可知之世界。此之谓一切人由生至死的历程中之根本的芒昧。

(2) 人生的雾团

人生原是生于一无限的芒昧之上。生前之万古与死后之万世不可知，构成人生周围之一无限的寂寞苍茫之雾团。以此雾团为背景，而后把我们此有限的人生，烘托凸显出来。人生如在雾中行，只有眼前的一片才是看得见的，远望是茫茫大雾。人生如一人到高高山顶立，只能听见自己的呼吸，四围是寂静无声。人生又若黑夜居大海中灯塔内，除此灯光所照的海面外，是无边的黑暗，无边的大海。人生是"无穷的生前死后的不可知，而对我为一无穷的虚无"之上之一点"有"。

(3) 人生的艰难

我要说的人生之艰难，是要说人生之路，步步难。这难处实是说不尽的。我当时想人生之所求，不外七项事，即求生存、求爱情、求名位、求真、求善、求美、与求神圣。人生实际上总是为这些要求所主宰的。而这些要求之去掉与达到，都毕竟一一同有无限的艰难，此艰难总无法根绝。

(4) 人为求生存

人之求生存，毕竟是人生的第一步的事。而世界上确确实实有无数的人，其一生盘旋的问题，就是如何在世界上生存。人为生存而辛苦劳动，为生存而走遍天涯，谋取求职业。世界上确确实实有无数未吃饱的人，为生活之担子所重压；而吃饱了的人，又有其他的求物质生活舒适的欲望。这些欲望，必然掩盖了吃饱的人所感的此问题之严肃性，亦必然掩盖了对未吃饱的人之同情。这是非常可怕的事。

(5) 人生的无奈

在文明社会的人，用各种社会救济、保险制度、银行制度、经济政策、国际安全组织，来保护人们的生命财产，其用心可谓至矣。但是这些真能绝对的保证人们的生命财产之不丧失吗？你能保证战争之不消灭人类吗？能保证地震之不震毁世界吗？就是莫有这些，你又能保证你自己之必受到此各种社会救济与制度等之恩泽与利益吗？你的才能、学问、知识，可因你忽然神经错乱，而全忘失；而你之地位名声，亦即被社会上的人忘了。

第一章：学习观 Study Vision

第四讲：事事无碍 Successful Stage（圆满次第） 19、人生哲学

(6) 饮食男女难

"死亡贫苦，人之大恶存焉。饮食男女，人之大欲存焉。"人生之路之第二步的艰难，是男女之爱情。人之需要爱情与人之要求生存，都是人之天性。这些要求，都从生命之深处涌出，不知自何处来。但它来了，就来了。人由父母男女之合而有生命，则人之生命之根柢，即是男女性。宗教家、大哲人，及乡里中的无知识的人，同有对此人生之绝对贞洁的爱慕。但是这事真要作到家，须把自然生命之流之浩浩狂澜翻到底，直到伏羲画卦前。这当然是艰难的。

(7) 人求名位难

人之求名位，与人之求生存，及求男女夫妇之爱，同是一最平凡而又极深奥的事。此可称为人生之路上第三步的艰难。一切希望名高一代、流芳千古，位居万人上的好名好位之心，不过是此小孩心理之推扩延长。人之所以乐得名位，依于人之欲被人承认为好，无有价值，此即依于人之欲被人认识，亦即欲存在于他人之精神之内。名愈大而位愈高的人，当其所实现的价值愈彰著于人心之前，其未能实现而人望其实现的价值亦愈彰著于人心之前，因而责望必然愈多。

(8) 真实的人生

据我的经验，一些真实的趣、美境、善德与神圣庄严之宗教感情之呈露于我，确实有时觉得这些东西是从天而降。忽而觉自己之心扉开了，这世界原是如此永恒而坚贞之世界。凡人之世俗情识之见之所向，无不与之相反。因而依世俗之情识之见，而生之哲学思想，莫不欲泯没或毁灭此世界之存在。此中人要剥落此情识之见，即须大费工夫。而此情识之见，即已剥落，如未有真工夫，去超化此情识之见所自生之根，则人亦不能安住于此世界。更莫说落下圆成之一步了。

(9) 天才的道路

天才人物的道路，首表现为超越俗情世间的精神。这个精神须与自然世界俗情世间裂开。裂不开，其天才不能露出，不能向上面世界远游。既裂开，则须与俗情世间的人作战，而在现实上失败，承担此裂开的罪过与苦恼者，一定是他们自己。他们又须与自己之自然生命之要求之俗情之要求作战。这是随时可胜利，亦随时可失败的。

(10) 圣贤的道路

圣贤之道之所以为圆成之教，在其与自然世界俗情世间协调，因而他对人精神所向之真美善神圣，及自然的生存爱情婚姻之要求，一切世俗伦理与名誉地位之价值，可以全幅加以肯定，而一无遗漏。因而无论在什么处境中，人总有一条向上之路可发现，而不必去逃遁其自然生命在俗情世间中所遭遇之一切。因为人在此之所承担负载者，实无限的重。人依此道行，一方处处都是上升的路，另一方亦处处都是使人陷溺的路。因这条道路，是一平铺于自然世界与俗情世间之上的路。人在此，如不是先经历一求超越飞升而与自然世界俗情世间隔离的精神，则此道路，便可会是一使人随处陷溺的泥泞路，人一天行不了几步，人之一切向上精神之表现，也都不免是拖泥带水。而孔子之最恶乡愿，亦正因孔子所倡之圣贤之道而行，最难免沦于乡愿。

（唐君毅全集3-1：人生之体验续编）

第一章：学习观 Study Vision

第四讲：事事无碍 Successful Stage（圆满次第） 20、宗教哲学

（1）万物有灵论

万物有灵论由英国考古学家泰勒（Edward Burnett Tylor）提出，认为原始人在形成宗教前先有"万物有灵"之概念，人在对影子、倒影、回声、呼吸、睡眠中觉得人的物质身体之内有一种非物质的东西，使人具有生命，而当中以梦境的感受影响最大，当这种未知的东西离开身体时，身体便丧失活动能力，呼吸也停止，泰勒称这种未知的东西为Anima。原始人推敲一切生长或活动之东西，甚如日月皆有Anima，然而近代宗教学家认为原始人未具这种抽象的推理能力，也未发现任何考古实证。

（2）原始一神论

原始一神论由施米特提出，他本是天主教士组织成员会会员，认为在最古老的文化中普遍有最上神的存在，可见于北美极地民族、俾格米人及澳洲东南土著，故一神论才是人类最古老的宗教，至上神的形象是来自神的最初启示，往后的宗教发展呈退化趋势，被诸神论及换灵精怪所掩盖。

（3）宗教功能论

功能论最先由英国人类学家马林诺夫斯基所提出，亦为一系列之后的功能学派理论的统称，他认为宗教仪式和巫术行为等是为满足个体的心理需要，减缓生活压力，提供积极的生活态度以面对生死考验，也保护部落的传统和价值观，这些功能主要分为生物性、精神性及规范性三方面。

（4）神话结构论

神话结构说由法国人类学家李维史陀提出，他认为世界上不同的地方的原始人类的心灵皆有共同结构，皆欲解释世界上的事，这种共相是发展出一套又一套神话的原动力。

（5）原始巫术论

巫术论由弗雷泽提出，他认为人类精神是由巫术发展到宗教再到科学。巫术是一种准宗教现象。原始人认为巫术可控制自然，原因不外乎是接触律或相似律，即认为取得某东西的一部分作法可影响该物之全部，又或认为对该物之相似物作法可影响该物，但当人类不相信这种虚拟力量时，则转移为对超自然存在物的抚慰和慈悲。

第一章：学习观 Study Vision

第四讲：事事无碍 Successful Stage（圆满次第） 20、宗教哲学

(6) 宗教理智论

宗教理智论以理智、逻辑去探讨宗教，它就像一把双刃剑，可反教也可护教。反教者观点以罗素词锋最为突出，首先，他认为如果万物都有起因，那上帝也应不例外，而宗教所说的第一起因根本是无逻辑可言。第二他认为科学带有某种程度的随机性，今天我们得知量子力学、混沌理论也有一定程度的不可测性，这表明自然法则很可能非出自决定一切的上帝之手，而仅仅是不断变化的科学的暂时结论。斯温伯恩是著名的理性论护教者，他主要从"为什么存在最著遍的自然定律"着手，他强调很多人忽略宇宙一开始不存在，或一直处于混沌状态的可能都是非常大的，因此这种高度秩序的宇宙是令人惊讶的、超出科学的，而这并非由于科学落后未能解释，而是科学的本质必终于某种终极的自然定律及物质结构。

(7) 宗教情感论

宗教有自己一套，总的来说，宗教是"绝对的依存感"。透过直觉有限的活动，对我们面对那些不可见的、永恒的满怀崇敬，一旦直觉宇宙，则认识自己之渺小而感谦卑，从而唤起"对无限的情感"。奥托指出宗教经典以大量词汇描述神性，当转达之概念越明确令人越倾向对宗教作出理性认定，然而宗教是"无理性的"（the non-rational）（注意意思并非"非理性" the irrational）。当然学者更有研究指出情感需依赖于认识或概念，当中有理性的元素，而非情感论者提出之"无理性"。另一宗教学家潘能伯格批评情感论者将宗教沦为个人经验，宗教只是各人自己对无限情感的主观，而这种主观却没有任何约束力。

(8) 宗教意志论

宗教意志论起于帕斯卡，由詹姆斯承之。总括来说，信仰轮不到我们用理智去选择信与不信，而是分析风险作出赌注，可用"信仰的赌注"这五字来作结，前提是信仰上帝是一项"真正的抉择"，詹姆斯对真正的抉择定义为"有生命力的、不可回避的、有重大价值的"，在目前我们正反两方皆各有论据，在可见将来也不见得有人能完全支持或推翻神存在的命题，因此我们并不可委身理智而犹豫不决，因避免谬误而……

(9) 宗教排他论

排他论者主张众多宗教中只有一种绝对真实的，其余的皆为谬误，排他论者在真理问题上有一种绝对化的观点，而这也是宗教的本性，如果某宗教不是唯一的真正，那么它就不值得信仰，真实上任何一个教徒只要它表示对自己的宗教忠心，就自然产生了一种内在的排他性。排他论是一神论宗教的正统立场，它们只认为自己的神才是真神，只有委身于该宗教才可得到拯救，其他的宗教被冠以异端之号。

(10) 宗教多元论

多元论者主张世界各大信仰虽十分不同，但这只是我们称之为神或上帝在生活中同等有效的理解、体验和回应方式。希克认为各宗教就像"瞎子措象"的道理，我们不能断定那一种宗教才是真的，因为真相很可能永没法被完全证实，各宗教只是"不同的灯，相同的光"。
（WiKipedia）

中华国学再造领导力
企业家高级研修班 讲义

企 业 禅

第二章

修 养 观

第一讲 理无碍

编讲人：强梵暢
Edited by Victor Chiang
中国北京大学宗教学系 兼任研究员
Research Fellow
Department of Religious Studies
Peking University , Beijing , China

CCEO-A2-B1-01

清華大學 领导力培训项目网
Tsinghua University Training of Leadership

第二章 修养观 总纲目

第一讲 理无碍	第二讲 事无碍	第三讲 理事无碍	第四讲 事事无碍
⬇	⬇	⬇	⬇
调身方法	修心要点	儒家修养	儒家境界
调气方法	修止要点	道家修养	道家境界
调息方法	修观要点	医家修养	医家境界
调病方法	修气要点	佛家修养	佛家境界
调压方法	修禅要点	杂家修养	杂家境界

第二章修养观

◆ **1、调身方法**
（1）不调百病生（2）坐禅调身法（3）治猛动行风
（4）禅中生禅触（5）地水火风病（6）禅触生五盖
（7）禅修先调食（8）禅修调睡眠
（9）禅修调身法（10）禅修调身法

◆ **2、调气方法**
（1）禅修调气法（2）瑜伽练气功（3）气闷从下泄
（4）打呃任意出（5）咽津令下行（6）意运消腹气
（7）丹田气胀满（8）调气逆上行
（9）丹田食气多（10）运气攻头闷

◆ **3、调息方法**
（1）禅修调息法（2）调运遍满息（3）数息观调息
（4）气短时调息（5）八触时调息（6）系缘失调息
（7）系缘闷调息（8）系缘急调息
（9）系缘缓调息（10）系缘色调息

◆ **4、调病方法**
（1）禅修调病一（2）禅修调病二（3）禅修调病三
（4）禅修调病四（5）禅修调病五（6）调病八条件
（7）方术调病法（8）心理情绪病
（9）心理的辅导（10）默想疗病法

◆ **5、调压方法**
（1）压力的定义（2）压力有好坏（3）压力的因应
（4）压力由烦恼（5）压力计分表（6）战逃的理论
（7）暂时性欢娱（8）改压力源头
（9）躲得起压力（10）暂舒缓压力

第二章：修养观 Conduct Vision

第一讲：理无碍 Theory Stage（学习次第）**1、调身方法**

（1）不调百病生

禅中发病的第二种情况，是坐禅中调身心息不当所致。《摩诃止观》卷九说，坐禅者"若用心失所，则动四百四病。"此类病只有在禅定中用正确调和身心息的方法纠治。

（2）坐禅调身法

坐禅时不善调身，身体佝偻不直或僵硬不自然，或倚壁靠柱，或坐禅时间过长过短，能生背脊骨节疼痛的"注病"，甚难医治，*治法*：宜调和气息，从头顶往下沿脊骨运气，每节脊骨住气片刻，一节节直下，至于尾椎，反复多次，令中脊气通，可渐痊愈。

（3）治猛动行风

又初坐禅时，未能慢慢调和因方才猛烈运动而引发的身中"行风"，即便入坐，致使体内住风和行风相争斗，可导致身卒痛。*治法*：起立步行，从缓至快，行五里许，还复从急至缓而归，再坐下，长嘘气四五次，宽放四肢，放松意念经食顷，复引息二三次。

（4）禅中生禅触

禅定中发生的生理变化，有禅触、脉息缓停、身轻安、治病及发病等。坐禅至能片断入定时，多数人都会有全身或身体某一部位发热、发冷、发痒及动等主观感觉，称为"禅触"。显教禅学一般说有八触或十六触，认为是进入初禅时最重要的标志。

（5）地水风水病

但实际上在入初禅之前，多数人在坐禅中便会有下腹丹田发热、身中发痒等感觉，《释禅波罗蜜多次第法门》卷五说，于初坐中未得定心，发冷暖动等触，有禅师认为是病触，"所以者何？如重、涩等，是地大病生，如轻、动触是风大病生，如热痒等触是火大病生，如冷滑等触是水大病生。

第二章：修养观 Conduct Vision

第一讲：理无碍 Theory Stage（学习次第）　1、调身方法

(6) 禅触生五盖

复次，因暖热痒等生贪欲盖，因重滑沉等触生睡眠盖，因动浮冷等触生掉悔盖，因强涩等生疑盖，又因重坚涩等生嗔盖。谓入初禅前的禅触或意味着身中四大病，或能生障定的诸盖，智凯认为："若未得未到地定而先发触者，多是病触，是生盖及魔所作。"

(7) 禅修先调食

过饱：则气急身满，百脉不通，令心闭塞，坐念不安；过少：则身羸心悬，意虑不固，皆非得定之道；食秽：若食秽触之物，令人心识昏迷。不宜：若食不宜之物，则动「宿」病，使四大违反。

(8) 禅修调睡眠

过多：若其眠寐过多，非唯废修圣法，复丧失功夫，而能令心暗昧，善根沉没。觉悟：当觉悟「无常」，调伏睡眠，令神气清白，念心明净，如是乃可栖心圣境,三昧现前；当念「无常之火」，烧诸世间，早求自度。

(9) (10) 禅修调身法

A、上坐时：安坐：先安坐处，每令安稳，久久无妨。正脚：全跏坐：正右脚置左脚上。宽衣：解宽衣带周正，不令坐时脱落。安手：以左手掌置右手掌上。正身：先当挺动其身，并诸支节，作七八反，如似按摩法令脊骨勿曲勿耸。正头颈：令鼻与脐相对，不偏不斜，不低不昂，平面正住。吐气：次当口吐浊气，开口放气，不可令粗急。以之绵绵，恣气而出，想身分中百脉不通处，放息随气而出，闭口鼻纳清气，如是至三。若身息调和，但一亦足。闭口：唇齿相柱着，舌向上腭。闭眼令断外光而已。正坐；当端身正坐，犹如奠石，无得身首四肢切尔摇动

B、正坐时：若坐时向虽调身竟，其身或宽或急，或偏或曲，或低或昂，身不端直，觉已随正，令其安稳，中无宽急，平直正住。

C、下坐时：然后微微动身。次动肩膊及手头颈。次动二足，悉令柔软。次以手遍摩诸毛孔。次摩手令暖，以掩两眼，然后开之。待身热消歇，方可随意出入。

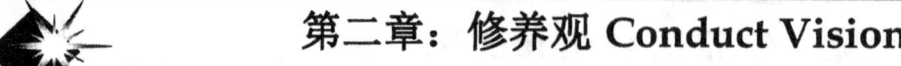

第二章：修养观 Conduct Vision

第一讲：理无碍 Theory Stage（学习次第）　　2、调气方法

(1) 禅修调气法

A、上坐时： 风：坐时鼻中息出入，觉有声。守风则散。喘：坐时息虽无声，而出入结 滞不通。守喘则结。气：出入不细。守气则劳。（以上三种为不调相）息：不声、不结、不粗，出入绵绵，若存若亡，资神安隐，情抱悦豫。守息即定（此为调相）

B、正坐时： 调气：身虽调和，而气不调和。不调和相者，如上所说，或风或喘或复气急，身中胀满，当用前法治之，每令息道绵绵，如有如无。

C、下坐时： 调气：开口放气，想从百脉随意而散。

(2) 瑜伽练气功

鼻孔大小是与气有关的，瑜伽术中有特别训练鼻孔者，主是训练气功的道理。在训练气的进出时，注意吸气的时候要细、要长、要慢，小腹收缩，这时气都进入了十二经脉。出气时要快、要急、要猛。普通训练的方法，是上半天作左鼻呼吸，下半天作右鼻呼吸，用手指按住另一鼻孔。久之用丹田呼吸，自己可以体会到针灸的穴道地位。

(3) 气闷从下泄

调气纠编须知：初服气时，气闷多从下泄，应制之勿泄，以意运之，令散开。（见《太清王老口传服气法》）。

(4) 打呃任意出

服气时欲打呃，任意出之，不可压抑。欲下气，任其出之，不可秘闭。（此说与上条相反，见《姑婆服气亲行要诀问答法》）

(5) 咽津令下行

初服气时，气上冲，欲从口出，即须咽津，令下行。咽津勿咽入气中，恐外气入。

第二章：修养观 Conduct Vision

第一讲：理无碍 Theory Stage（学习次第）　2、调气方法

(6) *意运消腹气*

初服气，觉腹中胀满不适，应数数以意运气，驱下肠中粪，
令腹中空，即安稳，或泄出下气，即觉宽快。下泄气，
当以上咽气初之。

(7) *丹田气胀满：*

服气中觉丹田中胀满不适，可运气，令从四肢及顶上出，
不可从口鼻出，否则令身体虚损。

(8) *调气逆上行：*

服气中，若气上冲头，满面行，为气逆行之候，从后向
前行者为顺，从前向后行者为逆。

(9) *丹田食气多：*

服气时，觉玉枕颈项热气突出，为丹田中食气太多、正
气不得环流所致。腹中谷尽则自然无此现象。气纳而难
固，吐而易竭。难固须保而使全，易竭须惜而勿泄。

(10) *运气攻头闷：*

夏日热气攻头，头闷，为丹田气隔塞不通，宜远运气攻
之，令前后经脉开通，即愈。咽气不必饱满，下泄不必
常出。

第二章：修养观 Conduct Vision
第一讲：理无碍 Theory Stage（学习次第）3、调息方法

（1）禅修调息法
下着安心。若细其心，令息微微然。宽放身体。息调则众患不生。想气遍毛孔出入，通同无障。

（2）调运遍满息
坐禅中调息不当，有风、喘、滞等相，久久能令人筋脉挛缩，或粘瘠瘦弱。治此类病宜用"遍满息"，以意运气，从头顶往下溜，令气息遍满身中、四肢，久行之，自可康复。其时宜用"止息"，平心直住不动，呼吸听任自然，系缘入定。

（3）数息观调息
若修数息观，息长短不一，易使心上至头部蒸热。可解衣宽带，闭口缩气向上至头顶，然后向下牵气，至呼吸平和，长短合度而止。

（4）气短时调息
坐禅中忽觉气短，当先嘘气，再从鼻中纳气，想气息循全身而呼出，然后意守掌文中，不久气息即调。

（5）八触时调息
又修数息观至发八触，随息若与触相违，也能致病。八触中，重涩冷软四触与入息相顺，轻滑热粗四触与出息相顺，当触发时，须按此相顺关系随息，若与此相违，如发重涩冷软四触而意随出息，发轻滑热粗四触而意随入息，久之成病。治法，当调顺呼吸，令数、随与触相顺。

(6) 系缘失调息

修系缘止时，死守一处，用意失度，不善根据具体情况调节修正，能致诸病。如死守身体下半部脐、足等处，易发身体沉重、疼痛坚结、枯瘠痿痹一类地大病。

治法：当移意守点于上半身。

(7) 系缘闷调息

若常系缘上半身头顶、眉心、鼻尖等处修止，易发心悬恍惚、懊闷忘失一类风大病。

治法：宜移意守点于下半身。

(8) 系缘急调息

若系缘用意过急过猛，易生举身洪热、骨节酸楚、嘘吸顿乏一类火大病。

治法：当宽缓其心，放松意念。

(9) 系缘缓调息

若系缘用意过于宽缓，易生虚肿膀胀一类水大病。治法：当专精摄念，观注境缘。

(10) 系缘色调息

若系缘于色声等境相而修定，违背境相与五脏的相生相克关系，不善根据身中四大损益的情况灵活调正，则易增损五脏气而致病。五境、五色、五音、五香、五味与五脏的相生克关系。

第二章：修养观 Conduct Vision

第一讲：理无碍 Theory Stage（学习次第）　**4、调病方法**

(1) 禅修治病一（修止）

意守丹田：是一种很好的修禅方法，这样既可以发诸禅，又能够治百病。《摩诃止观》卷八中说："丹田是气海，能锁吞万病，若止心丹田，则气息调和，故能愈疾。"意守足：《摩诃止观》卷八说："常止心足者，能治一切病。"如意守足三里穴，足大拇指处，可医头痛、耳聋、腹痛等。意守病处：《摩诃止观》卷说："随诸病处，谛心止之，不出三日，无有异缘，无不得瘥。"意守头顶：对于治疗身体沉重、枯瘁、痹痿、皮肤痒等见效很快。

(2) 禅修治病二（六字气）

《小止观》中述："心配属呵肾属吹，脾呼肺呬圣皆知，肝脏热来嘘字至，三焦壅处但言嘻。"《摩诃止观》的记载与之有所不同："呵治肝，吹呼治心，嘘治肺，嘻治肾，呬治脾。"也就是说病因在心者，如手足冰冷，心闷无力，嘴唇干裂，可用吹呼二气治；病因在脾者，如关节疼痛，足膝冷，排尿不便等，用嘻气治。用六字气治病，呼气时"带想作气，于唇吻吐纳，转侧牙舌，徐详用心"。也就是微动牙齿缓缓吐纳，但不要真的发生字音。吸气时要采用不同的方法补气。吹气去冷，要从鼻中纳气内温，吐纳七次，稍作休息，然后再吹气泄病；呼字去热，要从鼻中纳清凉气。嘻字去痛除风，要在鼻中纳安和气；呵字去烦散痰，不须随鼻补气，并想像随气吐痰；呬字去乏，要从鼻中纳安和之气，不宜过急。

(3) 禅修治病三（调息）

坐禅之前力求调息合度，便能治百病。按照医治不同病症，调息可以分成十二种。上息：在呼气之时想象气息上行，可治沉重痿一类病。下息：吸气之时想象气息下行，专治虚悬病例。焦息：吸气之时想象腹中有如火烧，可治腹胀。满息：吸气之时想象气息遍布全身，专治枯瘁之病。增长息：吸气之时想象吸入了生命物质，有助于增强体质。灭坏息：呼气之时想象病气随气呼出，可散去诸阴膜。冷息：想象吸入的是冷气，可治热病。暖息：与冷息相反，想象吸入暖气，治冷症。冲息：呼吸气流刚猛，以治肿毒。持息：尽力屏住呼吸，治疗不安烦燥。补息：想象吸入了有补养功能的外气，治虚乏症。和息：调和气息，心情安静。

(4) 禅修治病四（假想）

就是针对自己的病症，假想某种情景可以去掉疾病。比如说一个人腹中有个症结，他就可以想象有一支金针，穿入腹部的症结，随着金针拔出，症结随之可除。这样反复想象，病情有所改观。再者想象自己沐浴在瀑布下，水流由头顶直流脚底，流润周身，可以治劳损虚乏，开拓胸意。

(5) 禅修治病五（观心）

佛家认为一切病因皆在心。因此要祛除病症，就要观病从心始，反复究问自己心的实体在哪里，从而心空念寂，入深定境，病症自然消除。

第二章：修养观 Conduct Vision

第一讲：理无碍 Theory Stage（学习次第） 4、调病方法

(6) 调病八条件

《摩诃止观》中认为大致有八个条件，首先是相信按照正确的方法修习禅定，就定能治疗自己的疾病，所谓"心诚则灵"，如果没有这种必信的想法，则难见效。第二要别病，就是要辨明病因，并因病选择适当的方法。第三要用，修习禅定。第四勤，修习者要每天早晚专心修禅，每次要以身上微微出汗为度。第五恒，修练要持之以恒。第六方便，如果再不见效，可根据病情重新判别病因，灵活选择治疗方法。第七善养护。在修禅定同时，还要注意饮食得当，避免受寒受热，善于保养身体。第八知遮障，不要随意向别人宣说自己坐禅中的境界和疗效。

(7) 方术调病法

利用方术治病。方术，就是流传于民间的一些治病方法，如经常压挤大拇指可以治疗肝病，杖打痛处止痛等。这些方法多有效用，不妨采用，如拍手功等。

(8) 心理情绪病

一般归纳引起心理刺激或情绪、生理反应的压力源为四类：生理压力源：如高温、辐射、细菌、各类寄生虫、外伤及各类感染。心理性压力源：情绪和心理冲突。社会性压力源：生活事件、日常生活困扰、工作、环境相关压力源等。文化性压力源。

(9) 心理的辅导

有两股明显的心理辅导资源正不断地发挥它们的功能，一是以理性为基础，由精神医学、心理辅导与社会工作的专家，依藉西方知识文化而建立的专业助人机构，如各社区心理卫生中心、心理咨询中心及社会福利单位；一是以本土的社会民俗为基础，藉乡土文化自然衍生的知识而建立的民俗辅导，如：各庙宇、乩童、道士、算命、地理师等民俗系统。这两股资源各拥有其信徒，各取所需，但在基本理念与行为态度上，却不断地发生冲突。

(10) 默想疗病法

临床应用正在推广"默想疗法"。美国的一些医疗专家透露，静坐冥想可以预防以至治愈多种疾病。纽约林肯医院史密斯博士，在中国大陆的协助下，进行爱滋病人气功锻炼的观察，采用静坐或站桩，配以适当动功，初步观察效果令人满意，其辅助康复的作用可以肯定。

第二章：修养观 Conduct Vision

第一讲：理无碍 Theory Stage（学习次第）**5、调压方法**

(1) 压力的定义

压力这个词最早是由HansSelye在1936年所创造出来的新词，他对压力的定义是："当外界有任何改变的需求所造成身体的非特定的反应。"一种刺激：任何足以引起紧张、心理感受威胁，而个人必须改变或调适的环境。一种反应：是个人在生理或心理上感受到威胁时的一种紧张状态，如自觉适应困难、自尊受贬、心疲力竭、力不从心或其他不愉快的情绪感受。

(2) 压力有好坏

生活在忙碌、多变、高度竞争的现代社会里，压力似乎是如影随形的。诸如考试的压力、工作的压力、经济的压力、人际关系的压力、生病、生离死别的压力、成就的压力，或是最近因经济不景气而衍生的企业关厂、裁员等生活压力。还有有人认为压力有好坏之不同：好压力（Eustress），能带给人动力、挑战、刺激，使人兴奋，能把潜能发挥出来；坏压力（Distress），会给我们带来坏的影响，使人焦虑，沮丧和无助，令情绪低落。

(3) 压力的因应

压力可分为二个部分：一是造成压力的原因或事件，另一是我们对于该事件的情绪、生理与行为反应。前者是当我们处于变动的生活环境，与个人预期的经验、想法、态度、习惯有很大的差异时，或个人的动机、需要未能满足；后者则是因为前述原因影响了自主神经与内分泌系统的衡定调节，并引发紧张、激动、烦燥、生病、疲劳、慢性的发生，都可以是压力原因。

(4) 压力由烦恼

压力源自烦恼所引发的爱欲情绪，多数人只想加强那份掌控外境、抵挡无常的执着，于是"渴望企求未得到的，或想要得到更多，以及想要去除不合乎自己企求期待的；另一方面又害怕失去已得到的，而失去后又引起忧恼。"

(5) 压力计分表

有两位心理医生、心理专家Holmes&Rahe统计了一个表，将生命中可以发生的事均计了分，他们发现一个人如在十八个月内超过了300分，则50%的人都会生疾病。超过200分则9%的人会生疾病。（生活中可能发生的事件）（分值）（例如）配偶死亡（100）离婚（73）家人死亡（63）坐牢（63）疾病或受伤（53）结婚（50）工作开革（47）退休（45）怀孕（40）子女离家（79）渡假（13）

第二章：修养观 Conduct Vision

第一讲：理无碍 Theory Stage（学习次第）　5、调压方法

(6) 战逃的理论

面对压力，一般的反应是防卫或逃避，心理学家Cannon于1925年首先提出"压力"一词，提到当人若感觉危险或有威胁性时，就准备进入"战"或"逃"的状态，这就是所谓的战逃理论。愤怒防卫时，血液流向手部，更便于抓住武器或打击敌人。心跳加速，荷尔蒙激增，激发强大的能量。

(7) 暂时性欢娱

最能够获得即刻性满足与欢娱的行为，通常对长期的健康、幸福、成功的伤害最大。并不能令心得到休息，只会令心力更加耗损而更为软弱更无法承担压力。即刻性满足与欢娱的行为包括了：第一、烟，酒，毒品，药物等麻痹上瘾的行为。第二、所谓娱乐，多数只是暂时在欲望上的放逸及满足也是不好的。大约分为血脉贲张、恐怖刺激、腥膻煽情、爱欲染着等类型。第三、竞争式、冒险式的运动及活动，也都是不好的。第四、求仙丹妙药、神通加持。

(8) 改压力源头

基于压力的定义，当我们需要舒解压力时，多数人立刻会想到降低压力的来源或者暂时避开压力的源头；但有时不一定能改变压的源头，增长自己的心力与智慧，才是真正的究竟解决之道。因此，切莫自我欺瞒，漠视事实的存在，而因循苟且；要知道拖延逃避，压力并不会自然消失，只会有如滚雪球般越滚越大。

(9) 躲得起压力

不过当心智不足时，还是"惹不起而躲得起"的好，短暂的离开压力情境，舒缓了身体的不舒服与焦虑的感受，才有机会增广心智，事情反而更容易处理。

(10) 暂舒缓压力

值得注意的是，舒缓压力的方法不要依赖过多的外在条件，而且有时必须量力而为，切又因此莫创造新的压力源。可以暂时舒缓压力的方法：①医疗与求助②转移负面消极的想法③區隔压力的累积，随时整顿心情，避免累积压力④放松：学会如何改变自己，在现有环境下，做最大的放松。尤其在即将面对有压力的事之前，进行最大的放松⑤不要过劳，休息与睡眠⑥运动、饮食的调整

清華大學

中华国学再造领导力
企业家高级研修班 讲义

企 业 禅

第二章

修 养 观

第二讲 事无碍

编讲人：强梵暢
Edited by Victor Chiang
中国北京大学宗教学系 兼任研究员
Research Fellow
Department of Religious Studies
Peking University , Beijing , China

第二章 修养观 总纲目

第一讲 理无碍	第二讲 事无碍	第三讲 理事无碍	第四讲 事事无碍
⬇	⬇	⬇	⬇

			儒家境界
调身方法	修心要点	儒家修养	道家境界
调气方法	修止要点	道家修养	医家境界
调息方法	修观要点	医家修养	佛家境界
调病方法	修气要点	佛家修养	杂家境界
调压方法	修禅要点	杂家修养	

◆ 6、 修心要点

（1）知心为根本 （2）根本修心法 （3）无住而生心
（4）心住无住处 （5）心不见有无 （6）心无住三世
（7）证无生法忍 （8）用何心修道
（9）了心非心法 （10）几时得解脱

◆ 7、 修止要点

（1）系缘守境止 （2）随缘制心止 （3）缘生体真止
（4）观心体真止 （5）唯识体真止 （6）空寂体真止
（7）坐中修止法 （8）历缘修止法
（9）对境修止法 （10）其他修止法

◆ 8、 修观要点

（1）数息六妙门 （2）不净对治观 （3）慈心对治观
（4）分别对治观 （5）实相正观观 （6）能所正观观
（7）坐中修观法 （8）历缘修观法
（9）对境修观法 （10）其他修止法

◆ 9、 修气要点

（1）道家论元气 （2）真气还元铭 （3）道家元气论
（4）元气论长寿 （5）精神魂魄意 （6）道家重呼吸
（7）道家练养术 （8）道家练养学
（9）道家形气神 （10）精气神统一

◆ 10、 修禅要点

（1）拈花微笑始 （2）正法眼藏迷 （3）六祖坛经说
（4）惠能悟自性 （5）五祖评神秀 （6）惠能度道明
（7）如来禅旨意 （8）祖师禅旨意
（9）现代禅旨意 （10）大珠论禅定

第二章：修养观 Conduct Vision

第二讲：事无碍 Practical Stage（实践次第）**6、修心要点**

（1）*知心为根本*

问：云何知心为根本？（大珠和尚《顿悟入道要门论》）慧海答：楞伽经云：心生即种种法生。心灭即种种法灭。维摩经云：欲得净土，当净其心。随其心净，即佛土净。遗教经云：但制心一处，无事不辩。经云：圣人求心不求佛，愚人求佛不求心。智人调心不调身，愚人调身不调心。佛名经云：罪从心生，还从心灭。故知善恶一切，皆由自心，所以心为根本。

（2）*根本修心法*

问：夫修根本，以何法修？　答：惟坐禅，禅定即得。禅门经云：求佛圣智，要即禅定，若无禅定，念想喧动，坏其善根。

（3）*无住而生心*

金刚经：「应无所住，而生其心」

（4）*心住无住处*

问：云何是无住处？大珠答：不住一切处，即是住无住处。

问：云何是不住一切处？大珠答：不住一切处者，不住善恶有无内外中间。不住空，亦不住不空。不住定，亦不住不定。即是不住一切处。只个不住一切处，即是住处也。得如是者，即名无住心也。无住心者，是佛心。

（5）*心不见有无*

问：经云：不见有无，即真解脱。何者是不见有无？大珠答：证得净心时，即名有，于中不生得净心想，即名不见有也。证得无生无住，不得作无生无住想，即是不见无也，故云不见有无也。《楞严经》云：知见立知，即无明本。知见无见，斯即涅槃，亦名解脱。

第二章：修养观 Conduct Vision
第二讲：事无碍 Practical Stage（实践次第）　6、修心要点

(6) 心无住三世

问：若心得住无住处时，不是著无所处否？**大珠答：但作空想，即无有著处。**汝**欲了了识无所住心时，正坐之时，但知心莫思量一切物**，一切善恶都莫思量，过**去事已过去而莫思量，过去心自绝，即名无过去事。未来事未至，莫愿莫求，未****来心自绝，即名无未来事。现在事已现在，于一切事但知无著，这不起憎爱心，****即是无著，**现在心自绝，即名无现在事。三世不摄，亦名无三世也。

(7) 证无生法忍

心若起去时，即莫随去，去心自绝。若住时亦莫随住，住心自绝。即无住心，即**是住无住处也。若了了自知，住在住时只无住，亦无住处，亦无无住处也。若自****了了知心不住一切处，即名了了见本心也，亦名了了见性也。只个不住一切处心****者，即是佛心，亦名解脱心。亦名菩提心，亦名无生心，亦名色性空。**经云：证**无生法忍是也。**

(8) 用何心修道

讲唯识道光座主问曰：禅师用何心修道？师曰：老僧无心可用，无道可修。曰：既**无心可用，无道可修，云何每日聚众，**劝人学禅修道？师曰：老僧尚无卓锥之地，**什么处聚众来。老僧无舌，何曾劝人来。**曰：禅师对面妄语。师曰：老僧尚无舌**劝人，焉解妄语。**曰：某甲却不会禅师语论也。师曰：老僧自亦不会。（无心可**用也**）

(9) 了心非心法

僧问：言语是心否？师曰：言语是缘，不是心。曰：离缘何者是心？师曰：离言**语无心。**曰：离言语既无心，若为是心。师曰：心无形相，非离言语，非不离言**语。心常湛然，应用自在。**祖师云，若了心非心，始解心心法。

(10) 几时得解脱

人问将心修行，几时得解脱？师曰：将心修行，喻如滑泥洗垢，般若玄妙，本自无**生，大用现前，不论时节。**曰：凡夫亦得如此否？师曰：见性者，即非凡夫。顿**悟上乘，超凡越圣。迷人论凡论圣，悟人超越生死涅槃。迷人说事说理，悟人大****用无方。迷人求得求证，悟人无得无求。迷人期远劫证，悟人顿见。**

第二章：修养观 Conduct Vision

第二讲：事无碍 Practical Stage（实践次第）　7、修止要点

（1）系缘守境止

系心鼻端、脐间等处，令心不散。约束其心，安住「所缘境」，不动不乱。

（2）随缘制心止

随心所起，即便制之，不令驰散（止心）。烦恼的生起，先有引生烦恼的境界，如能脱落「所缘境」，故彼之烦恼自然灭而不生。

（3）缘生体真止

随心所念一切诸法，悉知从因缘生，无有自性，则心不取；若心不取，则妄念心息，（息心达本源）。

（4）观心体真止

如妄念不息，当反观所起之「心」，「过去已灭，现在不住，未来未至」，「三际穷之，了不可得」，不可得法，则无有「心」，则一切法皆无，而非无刹那任运觉知念起。

（5）唯识体真止

观此心念，内有六根，外有六尘。「根」「尘」相对，故有「识」生；「根」「尘」未对，「识」本无生。

(6) 空寂体真止

观「生」如是，观「灭」亦然，生灭名字，但是假立。「生」灭「心」灭，寂灭现前，了无所得，是所谓涅槃空寂之理，其心自止。

(7) 坐中修止法

①对治初心粗乱：行者初坐禅时，心粗乱故，当修止以除破之。②对治心沉浮病：若于坐中，其心浮动，轻躁不安，当修「止」止之。③随便宜修：心不明净，亦无法利，尔时当试修「止」止之。若于「止」时，即觉身心安静，当知宜「止」，用「止」安心。④对治定中细心：定心细故，觉身空寂，受于快乐；或利便心发，能以细心取于偏邪之理。⑤为均齐定慧：如风中灯，照物不了，不能出离生死。尔时当复修「止」，则得「定」心，即能破暗，照物分明，如密室中灯。

(8) 历缘修止法

①行时行心不可得：了知行「心」，及「行」中一切法，皆不可得，则妄念心息；②住时住心不可得：了知「住」心，及住中一切「法」，皆不可得，则妄念心息；③坐时坐心不可得：而无一法可得，则妄念不生；④卧时卧心不可得：而无一法可得，则妄念不起；⑤作时作心不可得：而无一法可得，则妄念不起；⑥语时语心不可得：了知「语心」及「语中一切烦恼善不善法」，皆不可得，则妄念心息；

(9) 对境修止法

①眼见色时修止心：不爱：若见顺情之色，不起贪爱；不恼：若见违情之色，不起嗔恼；不想：若见非违非顺之色，不起无明及诸乱想。②耳闻声时修止心：不爱：若闻顺情之声，不起爱心。不嗔：若闻违情之声，不起嗔心。不分别：闻非违非顺之声，不起分别心。③鼻闻香时修止心：不著：若闻顺情之「香」，不起著心。不嗔：若闻违情之「臭」，不起嗔心。不乱：若闻非违非顺之「香」，不生乱念。④舌受味时修止心：不贪：若得顺情美味，不起贪著。不嗔：若违情恶味，不起嗔心。不分别：非违非顺之味，不起分别意想。⑤身受触时修止心：不贪：若受顺情乐「触」，不起贪著。不嗔：若受违情若「触」，不起嗔恼。不分别：受非违非顺之「触」，不起忆想分别。⑥意知法时修止心：不贪：若受顺「意」，不起贪爱。不嗔：若受逆「意」，不起嗔恼。不分别：非顺非逆之「意」，不起分别。

(10) 其他修止法（略）

第二章：修养观 Conduct Vision

第二讲：事无碍 Practical Stage（实践次第） 8、修观要点

（1）数息六妙门

六妙门又称六息念，可以说是关于数息观中具体的方法之六种法，称为数、随、止、观、转、净。①数息观，是于坐禅之际，数出、入之息而集中精神。②随息观，是因为数息而去除意识分别，唯在数出入息上，将息安放在心上之方法。③止，是Sthana之译语，止是说明止住、安置等之意，唯将念使令系住安止在鼻端、眉间及足指等上面。④观，是Upalaksana之译语，亦称为观相、占相，观察其息风，息与色俱，观依色而存于心，心所，俱称为观察五蕴。⑤转，称为转远，远，缘息风移转为觉，放置在由以上殊胜善根之上。⑥净，又称为清净，快净，其觉更一步昇进，说明进入见道等之阶位上。

（2）不净对治观

不净观，从观想肉体的秽恶不净入手，旨在依人厌秽欣净的心理，观想肉身秽恶的一面以对治执着肉身净美而生的贪爱，对于对治淫欲有特效，故曰："多贪众生不净观。"具有破坏五欲（对色声香味触的欲求）之力，故名"坏法观"。这是佛教特设的禅门，被奉为二甘露门之一。属于此类的禅有南传上座部的十……

（3）慈心对治观

了诸法因缘生，观众生烦恼所使，无有自主，由此而生慈心，息诸嗔恼。

（4）分别对治观：了十八界诸法，皆由六大假合而成，由此而破我见，息诸我慢。

（5）实相正观观

实相观：观诸法无相，并是因缘所生。因缘无性，即是「实相」。

第二章：修养观 Conduct Vision

第二讲：事无碍 Practical Stage（实践次第）　8、修观要点

(6) 能所正观观

①所观：先了「所观」之境，一切皆空。②能观：「能观」之心，自然不起。

(7) 坐中修观法

①对治初心粗乱：修「观」：「止」若不破，即应修「观」。②对治心沉浮病：行者于坐禅时，其心闇塞，无记瞪，或时多睡，尔时当修「观照」。③随便宜修：虽为对治心浮动故，修「止」；而心不住，亦无法利，当试修「观」。若于「观」中，即觉心神明净，寂然安隐，当知宜「观」，用「观」安心。④对治定中细心：虽复修「止」，若心犹著「爱」「见」，结业不息，尔时应当修「观」。⑤为均齐定慧：痴定：虽得入「定」，而无「观」慧，不能断结。慧少：或「观」慧微少，不能发起真慧，断诸结使发诸法门。断结：当修「观」破析，则「定」「慧」均等，能断结使，证诸法门。

(8) 历缘修观法

①行时修观：空寂：当知「行者」，及「行」中一切「法」，毕竟空寂。
②住时修观：同1。③，坐、卧、作、语均同①。

(9) 对境修观法

①眼见色时修观：观心：当反观「念色」之心，不见相貌。空寂：当知「见者」，及一些法，毕竟空寂。②耳闻声时修观：观心，当反观「闻声」之心，不见相貌。空寂：当知「闻」者，及一些法，毕竟空寂。③鼻闻香时修止心：观心，当反观「闻」「香」之心，不见相貌。空寂：当知「闻香」，及一些法，毕竟空寂。④舌受味时修止心：观心，当反观缘「味」之心，不见相貌。空寂：当知「受味者」，及一法，毕竟空寂。⑤身受触时修止心：观心，当反观缘「触」之心，不见相貌。空寂：当知「受触者」，及一些法，毕竟空寂。⑥意知法时修止心：观心，当反观缘「意」之心，不见相貌。空寂：当知「作意者」，及一些法，毕竟空寂。

(10) 其他修观法

观想，即持续地想象某种形象，令所观境明白显现于心目中，实属一种想象力的锻炼。此类禅有小乘的不净观、十遍处，及大乘的观想念佛等。

第二章：修养观 Conduct Vision
第二讲：事无碍 Practical Stage（实践次第）　9、修气要点

（1）道家论元气
道教炼养学认为天地万物，皆以元气为其生成、存在之本。《抱朴子·至理》说："人在气中，气在人中，自天地至于万物，无不须气以生者也。"人之生活于气中，如鱼之于水，相离则死。人的生命形成，以元气为本始，人的生命活动，以元气为能源。

（2）真气还元铭
《真气还元铭》说："气是精神之本，性命之源，神明之主。"元气在人身上，是禀受自天地元气及父母精血的肾中元阳之气，它为人全身气血精津的源泉。

（3）道家元气论
《元气论》说："夫元气者，乃生气之源，则肾间动气是也。此五脏六腑之本，十二经络之根，呼吸之门，三焦之源。"人出胎后，由先天元气推动，开始后天的生命运动，不断从呼吸之气、水谷之精中汲取营养，生起后天的营、卫之气，运行于脉之内外，循环五脏、全身，"昼行于身，夜行于脏，一百刻五十周，于平旦会于两手寸关尺，阴阳相贯常流，如循其环。"

（4）元气论长寿
（《元气论》）若人劳神损气，驰情纵欲，耗气太多，则必壅滞脏腑、经脉，导致疾病夭亡，养气积气，令气常充盈于身，乃健康长寿之要。

（5）精神魂魄意
道教炼养家常说：气为神之母，神为气之子。意味气是精神的物质基础，还把精、神、魂、魄、意五种心理方面的功能，说成是五脏中五气的作用，名为"五气"。《服气十事》称心为"神气"，肝为"禁气"，肺为"杀气"，脾为"道气"，肾为"元气"。

第二章：修养观 Conduct Vision
第二讲：事无碍 Practical Stage（实践次第）9、修气要点

(6) 道家重呼吸

道教炼养学对后天的口鼻呼吸之气也非常重视，称呼吸为"玄牝之门"，认为它是后天的生死之根，有呼吸则必有生死，只有练功达到高级阶段，返回先天胎息，不用呼吸出入，才能长生久视，自宰生死。

(7) 道家练养术

道教炼养术中的守窍、调息、存服日精月华等静功及导引、按摩、叩齿、咽津、鸣天鼓等，已被气功界采用，是最流行的气功锻炼方法。道教的行气攻病法、布气法、遥禁法，也被广泛运用于气功医疗。

(8) 道家炼养学

道教炼养学的阴阳五行、八卦、元气及精气神说，也渗透于多家气功功法、功理中。"意守"、"守一"、"入静"、"运气"、"内视"、"周天"、"胎息"、"似守非守、勿忘勿助"、"走火入魔"等现代气功学的常用语，皆出自道教。

(9) 道家形气神

与佛、儒二教之说相比，道教炼养以形、气、神并重为基本特征。《太清元道真经》说："长生非他也，神全气全形全而已矣。"重视炼形炼气，为道教独擅之学。南宋以来，道教内丹学受佛教影响，大力破斥对肉体的执着，有重炼神而轻炼形的倾向，但与佛教相比，还是较重炼形。

(10) 精气神统一

精、气、神作为人生命的要素，很早就出现于先秦诸家著述中，如《孟子》言"养气"，《庄子》说"心合于气，气合于神"，"精照无处"，《内经》谓"积精全神"，"呼吸精气"，皆以保全精、气、神为修养之要，但尚未把精气神合在一起作为一个系统来提出，诸家对精气神的诠释也不一致。精气神被作为一个组合系统，是在道教。

第二章：修养观 Conduct Vision

第二讲：事无碍 Practical Stage（实践次第） 10、修禅要点

(1) 拈花微笑始

据传，在灵山法会上，大梵天王献上一朵金色波罗花。释迦牟尼庄严慈祥地拈花给大家看。释迦牟尼见"众皆默然，唯迦叶破颜而笑"，知道迦叶对自己的心意已然会心，便决定把正法授于他："我有正法眼藏，涅槃妙心，实相无相，微妙法门，不立文字，教外别传，付嘱摩诃迦叶。"是"以心传心"授法的开始。

(2) 正法眼藏迷

诸人法眼藏，千圣莫能当。为君通一线，光辉满大唐。须弥走入海，六月降严霜。法华虽恁道，无句得商量。守端禅师："然而，诸位身上倒是各自都有正法眼藏的。每天早晨起来，是是非非，分南分北，如此种种，都是正法眼藏的光影。这正法眼打开的时候，乾坤大地，日月星辰，森罗万象，就在面前，却是看不到一丝状貌；这正法眼尚未打开时，万物的状貌就被诸位看到了。

(3) 六祖坛经说

金刚经云：「凡所有相，皆是虚妄」。大师告众曰：「善知识，菩提自性，本来清净，但用此心，直了成佛。」「菩提本无树，明镜亦非台，本来无一物，何处惹尘埃。」

(4) 惠能悟自性

六祖听到「应无所住而生其心」，马上对「机」了，言下大悟，便道：「一切万法不离自性」。遂启祖言：「何期自性本自清净」「何期自性本不生灭」「何期自性本自具足」「何期自性本无动摇」「何期自性能生万法」

(5) 五祖评神秀

神秀：「身是菩提树，心如明镜台，时时勤指拭，勿使惹尘埃。」五祖曰：汝作此偈，未见本性，只到门外，未入门内。如此见解觅无上菩提，了不可得。无上菩提，须得言下识自本心，见自本性。不生不灭，于一切时中，念念自见。万法无滞，一真一切真，万境自如如。如如之心，即是真实。若如是见，即是无上菩提之自性也。

第二章：修养观 Conduct Vision
第二讲：事无碍 Practical Stage（实践次第）　10、修禅要点

(6) 惠能度道明

惠明作礼云：望行者为我说法。惠能云：汝既为法而来，可屏息诸缘，勿生一念，吾为汝说。明良久。惠能云：「不思善，不思恶，正与么时，那个是明上座本来面目？」惠明言下大悟。复问云：上来密语密意外，还更有密意否？

(7) 如来禅旨意

在传统佛法上所讲的「禅」，是属于「如来禅」，从戒、定、慧入手，以「禅定」为主，当然也离不开四禅八定等过程，由戒生定、从定发慧、直至慧发起来时，在教理上就叫做「证果」。一旦证了果位，在果位上，又可分为「小乘」与「大乘」的果位，最后达到成佛的目标，这个就是如来禅，属于「清净禅。」

(8) 祖师禅旨意

「祖师禅」，由「如来禅」演变而来，是中国佛法的一个特色，也是在中国才被发扬光大的，它著重于「般若」。它先要我们悟到「般若」，悟到我们的真心本性之后，再「依性起修」。祖师禅的悟不一定证，理到、事未到；而「如来禅」却是证悟同时，「证」就是「悟。」

(9) 现代禅旨意

至于，现在流行的「现代禅」，既不属于「如来禅」，也不属于「祖师禅」，而是把禅变成一般的心理学，用来调适你心理方面的情绪、压力，只能稍稍转变心理情绪，将心理压力暂时的舒解。「现代禅」，它用一套方法让你去想、去做，使你原来所想、所做的，暂时抛开，让你把原来的压力，暂时舒解，有的人学了几天，还会痛哭流涕，以为这就是开悟了。

(10) 大珠论禅定

问：云何为禅？云何为定？大珠答：妄念不生为禅，坐见本性为定。本性者，是汝无生心。定者，对境无心，八风不能动。八风者，利、衰、毁、誉、称、讥、苦、乐，是名八风。若得如是定者，虽是凡夫，即入佛位。何以故？菩萨戒经云：众生受佛戒，即入诸佛位。得如是者，即名解脱，亦名达彼岸，超六度，越三界大力菩萨，无量力尊，是大丈夫。

中华国学再造领导力
企业家高级研修班 讲义

#
企 业 禅

第二章

修 养 观

第三讲 理事无碍

编讲人：强梵畅
Edited by Victor Chiang
中国北京大学宗教学系 兼任研究员
Research Fellow
Department of Religious Studies
Peking University , Beijing , China

CCEO-A2-B3-01

清華大学 领导力培训项目网
Tsinghua University Training of Leadership

第二章 修养观 总纲目

第一讲 理无碍	第二讲 事无碍	第三讲 理事无碍	第四讲 事事无碍
⬇	⬇	⬇	⬇
调身方法	修心要点	儒家修养	儒家境界
调气方法	修止要点	道家修养	道家境界
调息方法	修观要点	医家修养	医家境界
调病方法	修气要点	佛家修养	佛家境界
调压方法	修禅要点	杂家修养	杂家境界

第二章 修养

第三讲 理事无碍

◆ **11、儒家修养**
（1）孔子论心斋 （2）颜回论坐忘 （3）大学论静得
（4）朱子调息箴 （5）二程论静坐 （6）儒家重静坐
（7）理学静坐课 （8）性命圭旨论
（9）儒学兼老庄 （10）东坡学瑜伽

◆ **12、道家修养**
（1）道家炼神类 （2）道家气法类 （3）道家守窍类
（4）道家存思类 （5）道家内丹类 （6）道家动功类
（7）道家辟谷类 （8）道家服食类
（9）道家摄养类 （10）道家房中类

◆ **13、佛家修养**
（1）小乘资粮道 （2）小乘加行道 （3）小乘见道位
（4）小乘修道位 （5）小乘究竟道 （6）大乘资粮位
（7）大乘加行位 （8）大乘见道位
（9）大乘修道位 （10）大乘证道位

◆ **14、医家修养**
（1）西医累松法 （2）西医深松法 （3）西医催眠法
（4）西医观想法 （5）西医呼吸法 （6）科学看静坐
（7）西医光环法 （8）西医爱心法
（9）运动调身体 （10）放松的睡眠

◆ **15、杂家修养**
（1）心理咨商史 （2）印度瑜伽术 （3）增智静坐法
（4）玛哈里希论 （5）超觉静坐法 （6）宗教治疗法
（7）治疗师自疗 （8）舒缓的运动
（9）静坐的功能 （10）静坐助长寿

第二章：修养观 Conduct Vision

第三讲：理事无碍 Judgment Stage（证成次第） 11、儒家修养

(1) 孔子论心斋

回曰：「敢问心斋？」仲尼曰：「若一志，无听之以耳，而听之以心；无听之以心，而听之以气；听止于耳，心止于符。气也者，虚而待物者也，唯道集虚，虚者，心斋也。」庄子通过孔子之口，申述了听息（呼吸）之法。意即精神专注，就能做到心息相依，心法两志，达到心斋的境界。斋，静也。这说明，儒家在春秋时代就有自己的静坐理论。

(2) 颜回论坐忘

颜回曰：「回坐忘矣！」仲尼蹴然曰：「何谓坐忘？」颜回曰：「堕肢体，黜聪明，离形去知，同于大通，此谓坐忘。」就是说，颜回练静坐已经忘了自己的肢体，抛开了自己的聪明，外忘其形，内高其心，和大道融通于一，这就是坐忘。

(3) 大学论静得

「静能生慧」，是儒家的一个传统观点。四书之一的「大学」说：「知止而后定，定而后能静，静而后能安，安而后能虑，虑而后能得。」这几句话集中阐明了入静对于开发智力的作用。自古以来，不少文人学士因练静坐而获益，出现灵感恍惚而来，文思有如泉涌的妙境。

(4) 朱子调息箴

为了提高和加强静坐的效果，朱子还作有「调息箴」一首。据说通过「鼻端观白」，自助于练功者很快入静。

(5) 二程论静坐

宋代儒家特别是世称二程的程颢、程颐和大儒家朱熹，在治学上提倡「半日读书，半日静坐」，读书人习练静坐一时蔚为风尚。

第二章：修养观 Conduct Vision

第三讲：理事无碍 Judgment Stage（证成次第）　11、儒家修养

(6) 儒家重静坐

自唐宋经历朝而迄于今日，读书人一直沿用静坐一词，有不少诗词著述以静坐命题。李白杜甫均写了不少咏静坐的诗篇。白居易的「静坐诗」更是脍炙人口。北宋的苏轼、南宋的陆游，研究养生之术达到入迷的程度，他们且均有养生的著述。明清两代儒学者，亦很注重静坐。明代的王阳明，是这一时期中杰出的静坐大师。

(7) 理学静坐课

程朱理学把静坐作为理学的必修课，就是要求门人通过「半日读书，半日静坐」以明「理」。程颐「每见人静坐，便叹其善学。」朱熹则告诫门人说：「当静坐涵养时，正要观察思绎道理」。知识分子藉助于静坐获得顿悟的事例，可以说所在多有。

(8) 性命圭旨论

研究中国气功史的学者都认为，儒家气功同道家气功、释家气功一起为三大主要学术源流。「性命圭旨」说：「儒家之教，教人顾性命，以还造化，其道公。」

(9) 儒学兼老庄

历代儒学者往往既修儒学，又极重视老庄之术。唐代大诗人李白常与高僧高道交往，从他们那里学佛习道。

(10) 东坡学瑜伽

苏东坡不仅对佛道很有研究，且曾专门学过印度瑜伽术。

第二章：修养观 Conduct Vision

第三讲：理事无碍 Judgment Stage（证成次第）　12、道家修养

据元代李道纯《中和集•试金石》所举，当时流传的道家炼养方法有三千余种之多，在道书上可找到根据的起码达二百种，大致可分为十类：

(1) 道家炼神类

一、炼神类。这类方法源出先秦道家，以调心令契合于虚无之道为要，包括坐忘、心斋、守道、定观、澄心、观心、守一、炼神还虚或炼神合道等名目。宋元以来，内丹书中把直接炼神还虚一类道功称为内丹中的"上品丹法"、"最上一乘顿法"。

(2) 道家气法类

二、气法类。这类方法源于先秦的行炁功，以调制呼吸为门径，包括行气、胎息、闭气、炼气、服气等名目，隋唐时代形成一种系列功法，总称"服气"。道书中所记载服气法多达五十余家，大体上可分为服外气、服内元气、存思服气三种。

(3) 道家守窍类

三、守窍类。以意守丹田为门径，有守一、胎息、存神炼气等名目。

(4) 道家存思类

四、存思类。以想象某种形象为门径，略同佛教的"观想"。《服元气法》说："闭目为想，开目为存"。存思又称"存想"，"存"即令某种相长久出现于面前或心中。道书中所载存思方法达五十种以上，大体可分为存思内景、存思外景、存思内外景三种。所存思的对象，除了宗教色彩很浓的身内外神真、仙境、天宫等外，还有日月光明、云雾、五方四时之气、紫气等自然景物。

(5) 道家内丹类

五、内丹类。强调以先天精气神为"药物"而在身内炼"丹"的高级功夫，是道教静功中最成熟者。诸家内丹从其修炼法则上的区别而言，亦可分为一二十种。

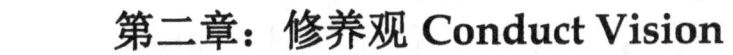

(6) 道家动功类

六、动功类。包括导引、按摩、叩齿、鸣天鼓、武术等，多以动摇肢体为门径，导引、按摩、叩咽等，常组成系列功法，与服气、存思配合。道书中所载导引、按摩方法，多达数十种。

(7) 道家辟谷类

七、辟谷类。亦称"却谷"、"休粮"、"绝粒"、"断谷"等，即在一段时间内乃至长期不食蔬谷和烟火食。大略分为辟谷后服气、辟谷后唯饮水、辟谷后服食药物三种。三种辟谷法，一般都与服气类静功配合。道书中所载辟谷服药法，有成百种之多。

(8) 道家服食类

八、服食类。一称"服饵"、"饵食"，即服用某种东西。所服之物大体分草木金石类药物、金石等炼成的金丹（外丹）及符或符水三类。道教宣扬服食丹药尤金丹，可长生成仙，已被实践证明属伪谬之谈。但所服草木之类药物，多有滋补作用；服食得当，当非无益。道书中所载服食药方有一百多种。

(9) 道家摄养类

九、摄养类。一称"摄生"、"卫生"，包括心身两方面的养生之道，涉及行止坐卧、生活起居、饮食、语言、情绪等方面的保健知识。

(10) 道家房中类

十、房中类。性生活方面的卫生知识及锻炼方法，有"御女"、"采战"、"采补"等术，源于秦汉房中术。

第二章：修养观 Conduct Vision

第三讲：理事无碍 Judgment Stage（证成次第） 13、佛家修养

(1) 小乘资粮道

瑜伽卷二十二有「①自圆满 ②他圆满 ③善法欲 ④戒律仪 ⑤根律仪 ⑥食知量 ⑦初后夜修习觉悟瑜伽 ⑧正知而住 ⑨善友性 ⑩闻正法 ⑪思正法 ⑫无障碍 ⑬修惠舍 ⑭沙门庄严」世、出世离欲道趣向资粮。

(2) 小乘加行道

加功用行，修①煖法——知定慧相应等法 ②顶法————于诸谛所缘中，智力增，得定慧相应等法 ③顺谛忍法——由各别内自所证，于诸谛所缘中，——能无所取（忍故）——随顺无能取（达故）得定慧及其相应法 ④世第一法——由各别内自所证，于诸谛中，得无内心定慧及其相应法，起最初出世道。

(3) 小乘见道位

顿断迷理烦恼（见道），以上为断迷"事"烦恼，以胜方便修习世间道（得修，习修，除去修，对治修）

(4) 小乘修道位

由「世第一法」，无间发起无漏真智，亲证四谛境，于诸谛境，现前观见，为「圣谛现观，发起无漏十大心，观上下八谛真理，断尽三界见惑八十八使，成预流圣者。（初果）现生证得无学果位。欲界七返生死，必证阿罗汉果入般涅槃。

(5) 小乘究竟道

一来果（二果）再断欲界九品思惑，在欲界天上，再受生一次。三果（阿那含，不还果），已断欲界九品思惑，死后生色界，不还欲界（有七种不还）阿罗汉果——断色界、无色界思惑（退法、思法、护法、住法、达法、不动法）

(6) 大乘资粮位

十住、十行、十回向诸位菩萨，以福德智慧，为助道资粮位。

(7) 大乘加行位

暖、顶、忍、世第一之四加行位菩萨，由得福智资粮，加功用行而入见道，住真如性。

(8) 大乘见道位

初地菩萨，体会真如，智照于理，得见中道，亦名通达位。

(9) 大乘修道位

第二地至第十地菩萨，得见道已，为断除障，而复修习根本之智，亦名修习位。

(10) 大乘证道位

妙觉佛证此果位，最极清净，更无有上，亦名究竟位。

第二章：修养观 Conduct Vision

第三讲：理事无碍 Judgment Stage（证成次第）　14、医家修养

（1）西医累松法

Progreessive Muscle Relaxa tion 累进肌肉放松法，是在1929 Dr.Edmond Jacobson 发表的文章，他主要着重肌肉松弛的训练，分室训练，姿势平躺以不压到身体主要肌肉为主，然后教病人肌肉拉紧然后放松，逐步训练由额头起到足部，每一主要部分肌肉都先拉紧然后放松，当身体每块肌肉放松时才开始静坐。

（2）西医深松法

Deep Muscle Relaxation 深度肌肉放松方法，当身体每一部分肌肉放松时，心思集中的训练。首先集中心思就得让心思忙碌专注于一件事情，这个方法是和很多宗教修法吻合，强调心思集中，专注于身体一点渐而扩充至别一点。

（3）西医催眠法

Talk to body-Autogenic-biogenic在十九世纪末期，德国Oskar Vogt在睡眠和催眠方面作了很多研究，又和德国一位年青的心理医生Dr.J.H.Schultz一同工作，在1905-1928 Dr.Schult经过上千的病人研究，他的方法是使病人重复几句身体松弛的生理反应，不靠药物或医生，自己学习松弛方法，训练病人说「我右手是重而暖」，让病人自己体会并练习这一句话，然后再渐进六个月训练再训练「我心跳镇定规则」等身体方面训练完，才开始观想颜色或其他素色的静坐。

（4）西医观想法

Visual Imagery观想，观想的方法在西方医学同的很多，纯粹松弛的则令人观想心旷神怡的风景，治疗癌症患者则令病人观想身体得病处肿瘤渐渐消失。观想训练最多的也最普遍的是训练运动选手在赛前和比赛时只观想自己发挥最大潜力，不要因外来压力而分心。世运中美国数位金牌得主均是观想静坐的勤练者。

（5）西医呼吸法

Collect and Release这是由美国印第安人的方法渐而发展成有系统的方法。特别对疼痛有用，类似孕妇生产的拉玛方法，吸气时收集疼痛（或是烦恼），呼气时则发放出所有的痛苦和烦恼。教导病人注重呼吸而渐而疏忽了身体的不适。

第二章：修养观 Conduct Vision

第三讲：理事无碍 Judgment Stage（证成次第）14、医家修养

(6) 科学看静坐

科学家对瑜伽静坐的效应，用整理统计等方法进行了大量的科学实验。他们发现，在超觉意识态中，人的呼吸周期性暂停，耗氧量减少，自主稳定性提高，脑电波大范围高度有序，证明此法可使脑波相干性最大，脑力能最佳，确能提高青少年的学习效率、工人的劳动生产率和行政管理人员的工作能力。他们还发现，在超觉意识态中，人的血浆可体松降低，血浆催乳激素升高，血浆苯基丙氨酸升高。这些都有利于健身治病。

(7) 西医光环法

Electrical energy这个方法以中国医学的穴道为参考渐而发展成有系统的方法，把身体体外表面全观想成有电能依照穴道方向观想成一"Halo"光圈。

(8) 西医爱心法

另外由Cry-stalEffect来治病也是一法，也就是长期静坐知道前世、来世渐而对别人的不平有进一步的了解渐而知道多用爱心取代，不过这个方法在西医上是刚刚起步。

(9) 运动调身体

几岁开始运动，你的体能就会维持在那个年纪，因为经常性运动可以降低血压、降低血液中的脂肪、增加肺活量、改善血液循环系统、调节心律等，更可以通过身体的改善而提升心力来面对压力。

(10) 放松的睡眠

睡眠——最重要的放松：适度的休息与睡眠是缓冲压力的重要关键，帮助人们从一天系忙紧张的压力中恢复过来，并提供面对明天种种工作与任务的能量。人体必须顺应大自然的日夜节奏，阴阳平衡，所谓子午二时，阴气升及阳气升时，最不适合活动，内脏需要在此得到休息，才能确保健康。

第二章：修养观 Conduct Vision

第三讲：理事无碍 Judgment Stage（证成次第）15、杂家修养

(1) 心理咨商史

其实心理咨商师是传统的一部分，不只追溯到近代的心理治疗祖师佛洛伊德和荣格，还有他们的祖师——尼采、叔本华、齐克果，更应该追溯到，柏拉图、苏格拉底、盖化（Galen,130-200,古希腊医师）、希波克拉底、耶稣、佛陀以及所有宗教导师、哲学家和医师，他们有历史以来，就在照顾人类的心理。

(2) 印度瑜伽术

瑜伽是古印度哲学的一个学派，讲究身心的统一，迄今已有三千年历史。印度古典哲学「吠陀经」（Veda），是瑜伽学说的理论基础。它力图实现自我控制，求得身心统一。与道家的坐忘，有异曲同工之妙。从本世纪七十年代开始，瑜伽静坐走向世界，成为欧美最流行的一种身心锻炼法。凡练了这种静坐的人都感到头脑清醒，耳聪目明，精力充沛，心情舒畅。

(3) 增智静坐法

通过静坐开发青少年的智能已有进展。日本对学生课前采用「增智静坐法」，能使学生上课时集中注意力。中国大陆对青少年进行练功益智的研究，获得提高学习注意力和记忆力的效果，对弱智儿童改善智力的试验并获良效。

(4) 玛哈里希论

玛哈里希说：「人学会进入超觉意识态中，他的行动就会得到所有自然规律的支持。他内心会变得平静，他的思想会变得富有成效，他并能对环境发出轻快和协调的波。」

(5) 超觉静坐法

瑜伽静坐法，是印度裔美籍物理学家玛哈里希（Maharishi）创编的。他把印度古代瑜伽和现代物理学中的统一场理论结合起来，创编了一套自我调整身心关系的技术——超觉静坐（Trans cendental Meditation），简称TM。许多美国人把这种人体统一场技术，叫做「玛哈里希」，或称「瑜伽静坐」。这种静坐法的基本功，按一定要求闭目凝神静坐，练功者实践放松入静的体验后，就会逐步进入超觉状态，觉得自己的身体不复存在。这个情形，类似前所述及的「坐忘」。

第二章：修养观 Conduct Vision

第三讲：理事无碍 Judgment Stage（证成次第）　15、杂家修养

(6) 宗教治疗法

C.N.Shealy M.D.Ph.d.他不只给病人服药注射，也用佛法加入治疗，而且他已训练其他医生，研究工作者引用此法，在他已治疗二千多病人之中，病人已有很明显效果90%的病人都认为自己好了一半以上或痊愈。（他本人并不是佛教徒，只是用佛法当成治病的方法），内容不深但是佛法中国四量心「慈，悲，喜，舍」，尤其「舍」特别强调。

(7) 治疗师自疗

六十年前，佛洛伊德认为治疗师常常接触病人原始而受到压抑的问题，他将之比拟成暴露在危险的放射线之下,所以劝治疗师每五年再去接受一段精神分析。的确这是种要求甚高的行业，他们必须能忍受工作中无法避免的孤独、焦虑和挫折，如果没有佛法戒定慧的滋润是很难达成的。

(8) 舒缓的运动

每天定时去作一些能让你既专注、又舒缓的运动，身体的伸展动作，可刺激脑部制造脑内啡，有助控制痛楚，让我们产生愉快、平和、幸福的感觉。

(9) 静坐的功能

静坐能疗未患之疾，能增智生慧，能求得顿悟。不仅中国古代文人修身养性需练此功，现代人也风行坐禅、瑜伽、静坐，以求摆脱身心负担、延缓衰老，获得长寿。欧美设有专门研究静坐对人体作用的大学。美国人实践和研究静坐的兴趣与日俱增。

(10) 静坐助长寿

许多国家正在步向老龄社会。衰老虽是一种自然规律，然而人们希望尽可能地延缓衰老，获得长寿。健康是长寿的前提，只有保持身体健康，长寿才有保证。唐代司马承祯所著「坐忘论」，即指出健康长寿在于静定功夫。美国研究人员宣称，冥思静坐能延长人的寿命并改善其健康状况。在科学高度发展的今天，除了有益于身心锻炼的各种静坐法而外，人类还没有找到别的超越自我的方法。

清華大学

中华国学再造领导力
企业家高级研修班 讲义

CHAN OF CEO

企 业 禅

第二章

修 养 观

第四讲 事事无碍

编讲人：强梵暢
Edited by Victor Chiang
中国北京大学宗教学系 兼任研究员
Research Fellow
Department of Religious Studies
Peking University , Beijing , China

清華大学 领导力培训项目网
Tsinghua University Training of Leadership

CCEO-A2-B4-01

第二章 修养观 总纲目

第一讲 理无碍	第二讲 事无碍	第三讲 理事无碍	第四讲 事事无碍
⬇	⬇	⬇	⬇
调身方法	修心要点	儒家修养	儒家境界
调气方法	修止要点	道家修养	道家境界
调息方法	修观要点	医家修养	医家境界
调病方法	修气要点	佛家修养	佛家境界
调压方法	修禅要点	杂家修养	杂家境界

◆ **16、儒家境界**

（1）大同的世界（2）小康的世界（3）大道之宗旨

（4）大学之道旨（5）治国平天下（6）任重而道远

（7）得道天下顺（8）自作孽不活

（9）王阳明理学（10）道德的约束

17、道家境界

（1）天地人法道（2）尊道而贵德（3）虚静克己欲

（4）无为无不为（5）有德与无德（6）仁义立道发

（7）仁义与大道（8）道教认仁义

（9）求仙先有德（10）仁义是必修

18、佛家境界

（1）觉悟的心性（2）三教同源流（3）修习静观心

（4）世法即正法（5）要涉世度生（6）三圣本一体

（7）憨山论三教（8）憨山论三乘

（9）佛法不离世（10）憨山评修行

19、综合境界

（1）三教心性论（2）圣人无二心（3）三教对自心

（4）三教为防心（5）憨山论儒心（6）憨山论道心

（7）净化心功用（8）憨山论三教

（9）憨山论老庄（10）三教论世法

20、综合境界

（1）天人合一论（2）儒道论本一（3）人生的问题

（4）道家的谷神（5）佛教世俗化（6）庄子论养神

（7）庄子论养气（8）儒家论养神

（9）魏公参同契（10）孟子论养气

第二章：修养观 Conduct Vision
第四讲：事事无碍 Successful Stage（圆满次第） 16、儒家境界

（1）大同的世界

又如孔子删诗书，订礼乐，作春秋，赞周易，授门弟子三千人，而总是谦称其述丽不作，谦称其未圣。他一提出其理想的大同世界，即曰：「大道之行也，天下为公。选贤与能，讲信修睦。故人不独亲其亲，不独子其子，使老有所终，庄有所用，幼有所长，矜寡孤独废疾者，皆有所养。男有分，女有归，货恶其弃于地也，不必藏于己。力恶不出属于身也，不必为己。是故谋闭而不兴，盗窃乱贼而不作，外户而不闭，是谓大同。」这种理想政治，既可见其高远，又可见其宏大。

（2）小康的世界

接着孔子又提出一种不及乎大同的小康之治，他说：「今大道既隐，天下为家。各亲其亲，各子其子。货力为己，大人世及以为礼，城郭沟池以为固，礼义以为纪。以正君臣，以笃父子，以睦兄弟，以和夫妇，以设制度，以立田里，以贤勇知，以功为己。故谋用是作，而兵由此起。禹汤文武成王周公，由此其诚可通天地，忠信可行蛮貊。是故君人者，不可与人争功，不可与人争名，不可与人争得，不可与人争胜。」信天下而不疑人，用天下而不自用。

（3）大道之宗旨

道之宗旨：敬天地，礼神明，爱国忠事，敦品崇礼，孝父母重师尊，信朋友，和乡邻，改恶向善，讲明五伦八德，阐发五教圣人之奥旨，恪遵四维纲常之古。礼洗心涤虑，借假修真，恢复本性之自然，启发良知良能之至善，己立立人，己达达人，挽世界为清平，化人心为良善，冀世界为大同。

（4）大学之道旨

大学之道：在明明德，在亲民，在止于至善。知止而后有定，定而后能静，静而后能安，安而后能虑，虑而后能得。物有本末，事有终始，知所先后，则近道矣。（首纲）（七学正）知、止、定、静、安、虑、得

（5）治国平天下

欲治其国者，先齐其家；欲齐其家者，先修其身；欲修其身者，先正其心，欲正其心者，先诚其意；欲诚其意者，先致其知；致知在格物。物格而后知至，知至而后意诚，意诚而后心正，心正而后身修，身修而后家齐，家齐而后国治，国治而后天下平。

第二章：修养观 Conduct Vision
第四讲：事事无碍 Successful Stage（圆满次第） 16、儒家境界

(6) 任重而道远

曾子曰：「士不可以不弘毅，任重而道远。仁以为己任，不亦重乎！死而后已，不亦远乎！」

(7) 得道天下顺

孟子曰：「天时不如地利，地利不如人和。」又曰：「得道者多助，失道者寡助。寡助之至，亲戚畔之；多助之至，天下顺之。」

(8) 自作孽不活

孟子曰：「夫人必自侮，然后人侮之；家必自毁，而后人毁之；国必自伐，而后人伐之。太甲曰：『天作孽，犹可违；自作孽，不可活。』此之谓也。」

(9) 王阳明理学

在王阳明那里，「心即理」包含两个层面的意义。从心学对传统儒学——修证的角度而言，王阳明的心是受佛学「心佛不二」、「自心即佛」的影响，表现出将呈现为外在的普遍规范的「理」还原为个体内在意识之「心」的倾向，从而突出了注重个体存在、反叛本质主义的心学特征。从另一方面而言，作为个体意识之「心」尽管可以是任运自然、张扬驰骋，但它毕竟要受到「理」的约束。

(10) 道德的约束

个体的存在受到普遍的道德规范的约束，不管这种普遍规范是以内化或外化方式而向个体突进，这都是儒家坚守自己立场的最后防线。因为无论学者怎样修养性、诚意正身，他都无法不体现其「治国平天下」的终极关怀，因此，王阳明所极力推崇的「心」并非完全是纯粹私人领域的一点灵明，而是以良知为桥梁通达一种意义境界的「天地之心」、「宇宙之心」。王阳明曾批评佛、老遗理说心：「佛老之空虚，遗弃其人伦万物之常，以求明其所谓吾心者，而不知物理即吾心，不可得而遗也。」

第二章：修养观 Conduct Vision

第四讲：事事无碍 Successful Stage（圆满次第）17、道家境界

(1) 天地人法道

「人法地，地法天，天法道。」（第二十五章）、「孔德之容，惟道是从。」（第二十一章）、「反者道之动，弱者道之用。」（四十章）这说明了万物与道之间的关系，并不是某方必须遵守某方而生而动而长，而是不得不如此的，万物若脱离「道」，则不得生，譬喻如植物与空气与水，我们可以说道即是水与空气，是助植物生长的必需，而空气也因植物的光合作用而更加清新，循环往复，这就是道的出动。

(2) 尊道而贵德

第五十一章「道生之，德畜之，物形之，势成之。是以万物莫不尊道而贵德。」最能表现道的作用与德的体现。道为根本，德为万物之性且此二者「生而不有，为而不恃，长而不宰。」（第十章）对于道德，现代大儒余培林教授说，内化在万物之中的道，不叫作道，而称为德。「道是德的本体，德是道的作用。」其二者只是名称上的异同，没有本质上的差异。关于此，汉代的严君平提出了「有无相包，虚实相含」的思想，即反对执着于有，也反对执着于无。执着于有，则不能囊括万有；执着于无，则有把「有」、「无」分离的危险。

(3) 虚静克己欲

以虚静为本，克除己欲。第十六章「致虚极，守静焉。」即是在说我们应消除心智的作用，以恢复本心的澄明；平息欲念所造成的烦恼，使心安宁平静。虚能受物，静而能观，观而能观察天地运行、万物生长的道理。在第二十六章也说：「重为轻根，静为躁君。」稳重与清静在轻浮与急躁之上，故能体万物之变，也能涵容天地之根本道德。

(4) 无为无不为

老子对于绝智去欲的方式亦多有提出，例如第三章的「虚其心，实其腹，弱其志，强其骨。」、第四十八章「为学日益，为道日损。损之又损，以至于无为，无为而无不为。」、第五十二章「塞其兑，闭其门，终身不勤。」等都是很精确的指示在人生修养上，如何照见澄明的本心、如何洗绝外在的遮蔽。

(5) 有德与无德

道德经三十八章「上德不德，是以有德；下德不失德，是以无德。」上德的人一切依道而行，无心施德，反而有德；下德的人，造作设施，有心施德，反而无德。由此可看出，老子并非一味的否定仁、义、礼等，而是在于以何种方式来为仁为义为礼，关键还是在于作用的出发点的心，应以「上德不德」、「无为无执」的方式，去成全「道」与「无」。牟宗三先生说：「道的无与有的双重性，是道心玄智之作用所成全，在此作用的圆中保住一切德，亦保住天地万物之存在。」皆循天理而无己私，出处进退皆无妨碍。

第二章：修养观 Conduct Vision

第四讲：事事无碍 Successful Stage（圆满次第） 17、道家境界

(6) 仁义立道发

《庄子•外篇•胠箧第十》说：「圣人已死，则大盗不起，天下平而无故矣！圣人不死，大盗不止。虽重圣人而治天下，则是重利盗跖也。……削曾、史之行，钳杨、墨之口，攘弃仁义，而天下之德始玄同矣。」如果不抛弃仁义，天下之德就不可能实现玄同，因为仁义往往导致人们只知仁义而不知道德，所谓：「道散而为德，德溢而为仁义，仁义立而道德废矣。」

(7) 仁义与大道

仁义与大道在道家那里是对立的，二者不能并显，所谓「大道废，有仁义」。可是，葛洪却一反道家的立场，将道视为「百家之君长、仁义之祖宗」，说明道教已经接受了仁义思想。

(8) 道教认仁义

其实，道教不但接受儒家的仁义，而且还将其纳入道教的心性修炼中，认为没有仁义就无法得道而长生。陆西星《七破论•破执论》说：「形以道全，命以术延。」这是说，道教的修炼有赖于道与术：得道可以炼形而羽化，得术可以延寿而长生。然而，这一切都必须以仁义为前提。

(9) 求仙先有德

《抱朴子•内篇•微旨》说：欲求长生者，必欲积善立功、慈心于物、恕己及人、仁逮昆虫、乐人之吉、愍人之苦、周人之急、救人之穷、手不伤生、口不劝祸、见人之得知己之得、见人之失如己之失、不自贵、不自誉、不嫉妒胜己、不佞谄阴贼。如此乃为有德，受福于天，所作必成，求仙可冀也。

(10) 仁义是必修

《抱朴子•内篇•对俗》说：「为道者以救人危、使免祸、护人疾病、令不枉死为上功也，欲求仙者，要当以忠孝、和顺、仁信为本。若德行不修而但方术，皆不得长生也。」葛洪的意思非常明白：只有具备了相应的德行，才有长生的可能；反之，如果不修忠孝、和顺、仁信等德行，即使道术再高，也不可能真正长生。显然，道教已经将仁义视为其必修的环节。

第二章：修养观 Conduct Vision
第四讲：事事无碍 Successful Stage（圆满次第） 18、佛家境界

(1) 觉悟的心性

佛，是古代印度梵文「佛陀」的简译。佛是什么，在中文来说：佛者，觉也。觉个什么？觉悟心性的自体。怎样才能自觉心性自体成佛呢？那必须先要修行大乘菩萨道的功德，所谓：自利（等于儒家的自立）、利他（等于儒家的立人），达到福（功）德资粮圆满，智慧资粮圆满，才可以成佛。所以自觉、觉他，觉行圆满，就叫作佛。

(2) 三教同源流

憨山德清以佛教之心性统摄儒、释、道三家，又以佛教人、天、佛三乘判设三教。他认为，三家皆由无我之体而达利生之用，止观则是三家了达无我之体的共同工夫，三教源流皆同，不同只在浅深而已。

(3) 修习静观心

「习静观心」是禅宗反观内照的修行方法，憨山是从禅宗出哪去洞彻三教之理的。禅宗的家法就是谈心说性，憨山则将禅宗的心法发挥到了极致。在他看来，禅即是心，天下万事万物，根在于一心，行在于一心，悟也在于一心。「观心」既是静思入定的一种方法，更是本体畅然明达的显现，是本我之心和天地之心合而为一的一种离念、离相的境界。因此，从本体之心来看，一切形皆是心之影，一切声皆是心之声，世上万物无不由「心」而得到体现，所谓「妙极于心而无遗事矣」。

(4) 世法即正法

所以憨山说：「若以三界唯心、万法唯识而观，不独三教本来一理，无有一事一法不从此心所建立。」「故治世语言、资生业等皆顺正法。心外无法，故法法皆真。」不唯三教没有高下低贱、正道异端之分，世上一份有利于社会、民生的言论、技艺也都是正法，都有其存在的合理性。

(5) 要涉世度生

佛教的归趣并不仅仅在于个人的解脱，追求个人心灵的宁静和适意，甚至是纯粹心理层面的抚慰；更在于消除了一切我执、法执之后人能唯心所从，能在世出世间任运自然、涉俗利生。憨山言：「五地圣人，涉世度生，世间一切经书技艺、医方杂论、图书印玺，种种诸法，靡不该练，然后可以涉俗利生。」

第二章：修养观 Conduct Vision

第四讲：事事无碍 Successful Stage（圆满次第） 18、佛家境界

(6) 三圣本一体

若以三界唯心、万法唯识而观，不独三教本来一理，无有一事一法不从此心之所建立。若以平等法界而观，不独三圣本来一体，无有一人一物不是毗卢遮那海印三昧威神所现。故曰：不坏相而缘起，染净恒殊；不舍缘而即真，圣凡平等。但所施设有圆融行布、人法权实之异耳。

(7) 憨山论三教

圆融即是从本体的角度而言，则「一切诸法但是一心，染净融通，无障无碍」，三教自然平等如一。「清净——无欲，离人而入天。」释迦为最上之佛乘，超凡圣之圣，「故能圣能凡，在天而天，在人而人，乃至异类分形，无往而不入。」释迦之高于孔子和老子，在于他既能超圣越圣又能成圣成凡，在天而天，在人而人，能现十界形，「应以何身何法得度，即现何身何法而度脱之」。如此看来，孔子、老子皆是佛的应化之身，所以憨山认为：「据实而观，则一切无非佛法，三教无非圣人。十界森然，又何有彼此之分辨哉！」佛经中有「或边地语说四谛，或随俗语说四谛」。

(8) 憨山论三乘

虽然人乘、天乘、佛乘以佛乘为最究竟，但若论修进阶次，实自人乘而立，人是圣凡之本。憨山指出：「舍人道无以立佛法，非佛法无以尽一心。是则佛法以人道为镃基，人道以佛法为究竟。」憨山在《观老庄影响论》中特辟一章《论行本》来专门论述人道与佛法的关系。

(9) 佛法不离世

并不表明释迦弃君亲之伦、利国之心和夫妻、父子之伦。等到道成正果后，释迦又「入王宫而舁父棺，上切利而为母说法」，「此示佛道不舍孝道」；「依人间而说法，示人道易趣菩提也」；「假王臣为外护，示处世不越世法也」。憨山指出，释迦出家和修道后都以人间为本、人道为务，是佛界僧徒「示现度生之楷模，垂试后世之弘范」。说明佛法应不离人道而立，佛界僧徒既处……

(10) 憨山评修行

憨山批评佛界僧众离人道而修行的弊病：嗟呼！吾人为佛弟子，不知吾佛之心；处人世间，不知人伦之事。与人论佛法，则笼统真如，瞒顸佛性；与之论世法，则触事面墙如椿昧；与人论教乘，则曰枝叶耳，不足尚也；与之言六度，则曰菩萨之行非吾所敢为也；……与之论人道，则茫然不知君臣父子之分、仁义礼智之行。（夏清瑕：憨山德清的三教一源论）

第二章：修养观 Conduct Vision

第四讲：事事无碍 Successful Stage（圆满次第） 19、综合境界

(1) 三教心性论

三教心性一致理论在南宋、元代全真派道士那里得到了充分地阐明和发挥。白玉蟾从心性的诚、清静、定阐发三教一致，认为儒、道、释在先圣那里是彼此接近的，孔子的「诚」、老子的「清静」、释氏的「定」意义相近，只是三教的后继者背离了始祖初训，才使三教分途隔离。若以道教的道理出发，「质之儒书则一也，以此理质之佛典则一也，所以天下无二道也。天之道既无二理，而圣人之心岂两用邪」？（《道藏》第4册《修真十书杂着指玄篇》卷六）

(2) 圣人无二心

元代全真道士陈致虚在其所著《金丹大要》中讲：「三教之道，一者也。圣人无二心，佛则云『明心见性』，儒则云『正心诚意』，道则云『澄其心则神自清』，语殊而心同，是三教之道一心而已。」道士牧常晁则认为，三教在了达心性的方法上也是相同的：「或问：儒曰正心，佛曰明心，老曰虚心，此三者有同异否？答云：思无邪曰正，反照自己曰明，私欲不蔽曰虚。设曰三心，实一理也。在世人份上门有同异，到圣人地位则无异同。」（《道藏》第23册《玄宗直指万法同归》卷四）

(3) 三教对自心

唐末，永明延寿就以心摄事理、以心统三教。宋契嵩则以「唯心之谓道，阐道之谓教」立论，进一步说明儒、释、道乃至百家皆是「心一」而「迹异」，皆是「欲人为善者」。在佛家理论体系中，禅宗把对佛的信仰转化为对自心的信仰是传统哲学由本体论向心性论转化的一个转折点，憨山将对三教的信仰统归于对「自心」的信仰无疑是彻底贯彻了禅宗「自信其心」之理论。

(4) 三教为防心

憨山认为，儒、释、道三教在文化功能上共同起到「防心」的作用。「三教之学，皆防学者之心，缘浅以及深，由近以至远。」此学者之「心」乃「贪欲之心」、「利益之心」、「恶心」、「坏心」、防心就是要使去掉「坏心」，使归于「善心」、「明心」。

(5) 憨山论儒心

憨山说，孔子欲人不为虎、狼、禽、兽之行，故以仁、义、礼、智教化之，使舍恶以从善，由物而入人。修先王之教，明赏罚之权，作春秋以明治乱之迹；正人心，定上下，以立君臣、父子之分，以定人伦之节。如果没有孔子的防心之教，中国人「不为禽兽者几希矣」。这也是孔子的济世之心。

第二章：修养观 Conduct Vision
第四讲：事事无碍 Successful Stage（圆满次第） 19、综合境界

(6) 憨山论道心

「学者不见圣人之心，将谓其道如此而已矣。故执先王之跡以挂功名，坚固我执，肆贪欲而为生累，致操仁义而为盗贼之资，启攻斗之祸者有之矣。」老子出而怜悯众生，曰：「斯尊圣用智之过也，若绝圣弃智，则民利百倍，剖斗折衡则民不争矣。甚矣，贪欲之害也。」「其为教也，离欲清静。以静定持心，不事于物，澹泊无为，此天下之行也。使人学此，离人而入于天。」

(7) 净化心功用

依其防心之说，儒家可以使人远离物欲而恢复仁、义、礼、智之本性；道家比儒更进一步，能使人清心寡欲、澹泊无为，离人而入于天；佛使人了悟本来面目，出入人天，救度众生。三教之学都有净化人心的功用。

(8) 憨山论三教

憨山指出，他之所以倾众多精力于三教关系，原因在于：一，「吾宗末学，安于孤陋，昧于同体，视他宗为异，不能融通教观，难于利俗」；前者是指禅门后学蔽于一孔之风，斥其它教典为异端，不能融通之，而只顾躲进禅房深院作自了汉。

(9) 憨山论老庄

二、「其有初信之士，不能深穷教典，苦于名相支离，难于理会」。后者主要指初信之士把玩于各家名相概念之间而未能识其根本，尤其是看似酷嗜老庄的人，常常将佛附老，每每引用佛语为老庄作验证，且认为大藏经皆从老庄而出。

(10) 三教论世法

憨山认为其危害在于：「习儒者拘，习老者狂，习佛者隘。」憨山进而宣称：「学佛不通百氏，不但不知世法，而亦不知佛法；解庄而谓尽佛意，不但不知佛意，而亦不如庄意。」「故尝以三事自勉：不知春秋，不能涉世；不知老庄，不能忘世；不参禅，不能出吂。」后三句话也成为十七世纪后三教合一论的经典语句。（夏清瑕：德清的三教一源论）

第二章：修养观 Conduct Vision

第四讲：事事无碍 Successful Stage（圆满次第）20、综合境界

(1) 天人合一论

儒家论天人合一，主要是想从自然法则中找到封建伦理的根据，而道教炼养学讲天人合一，主要是从人与自然的关系中探究生命秘奥，发现炼养成仙之道，以期在最高的层次上复归于自然。道教炼养学的天人合一论，大体包括天人本来合一与返本归根两方面的内容。

(2) 儒道论本一

道教和儒家一样，认为天（大自然）与人本来合一，一体不二，不能分离，故不能把人的生命现象从自然界中剥离出来，单独研究，只能在人、天一体的整体关系中去把握。道教观察研究人体生命的这一根本立场，从方法论上说来高出近代科学一筹，闪烁着东方文明特有的智慧之光。

(3) 人生的问题

古今中外的哲学，都在研究宇宙人生的问题，想在其中求得使人类得到永久平安的对策，然而哲学思想，正如宗教信仰一样，都是基于对人生的悲观，对世界的缺憾而发出，虽然哲学与宗教一样，也都为现实人生，与现实世界问题而努力，可是它的最终要求，与最高目的，大体都是为了研究生死问题。

(4) 道家的谷神

老子的「致虚极，守静笃」的道理，便可知道他所说的「夫物芸芸，各归其根，归根曰静，静曰复命」的方法论，便是「谷神」的注解了。能把心神宁谧，静到如山谷的空旷虚无，便可体会到「空合传音，虚堂习听」、「緜緜若存」的境界了。魏、晋、隋、唐以后，道家「存神养性」的方法，配合道家医学的「内经」，与道教所造的「黄庭经」，就又产生「内视返照」、「长生久视」的理论。

(5) 佛教世俗化

晚明佛教具有世俗化、人间性的品质，但这一品质不是向世俗社会的妥协，而是佛教在世俗社会中的挺立，晚明净土宗的流行即是佛教主动调整自身、满足人们对直捷、简易、方便的解脱方式的心理需求。当然，思想的任何一次创新和变革一定是受到了当时社会诸多因素的刺激和促进。从这个角度说，佛教的变革不可能不屈从于社会的要求，尤其是这个社会还是以儒家思想为主时，憨山以三乘分三教，以佛教为最高阶次，无疑是挺立了佛教的主体性地位。但他在三教之「用」上又以儒家意义的利生、经世为旨归，表明了他的妥协性。

(6) 庄子论养神

庄子说的养神原理，大致不外忘物忘身、视生死为一贯，齐物吾于无形；而在方法上，却特别提出「齐心论」与「坐忘论」，为养神合道的根本，使其能够到达「虚室生白，吉祥止止」的境界，然后才可以「乘天地之正，而御六气之辩，以游无穷者。」比起老子的道妙理论，已经演进得相当具体。

(7) 庄子论养气

可是他在养神以外，又同时提出养气的方法，说明：「真人之息以踵，众人之息以喉」，以及：「缘督以为经，可以保身，可以全生，可以养亲，可以尽年」等理论，随处说明气机存在的作用，与生命关键的道理。

(8) 儒家论养神

孟子，在他的学说之中，讲到修养的方法，也显然是受到道家「方士」养生思想的影响，与孔子原来平实的学说，已经大异其趣，与曾子的「慎独」与「诚意」，子思的「诚明」和「明诚」的养神方法，也大有不同。

(9) 魏公参同契

东汉末期，在道家与道教史上，产生两个划时代的人物，一是魏伯阳，另一便是张道陵。魏伯阳，却是走的「隐士」路线，结果只有给人以「不知所终」的疑猜而已，他赠予后人唯一的礼物，就是他的一部千古名著「参同契」一书，是为了说明修炼丹道的原理与方法，证明人与天地宇宙，有同体同功而异同的法则和原理，为了整理自古以来的传承，证明人为的修炼，可以升华而成神仙的传统学术，他以「周易」的理、象、数三部分，和周、秦到两汉，用在天文物理学上的原理与原则的五行，干支之学，以及道家老子传统的形上、形下的玄学原理，一齐融会贯通，为丹道的修炼程序，做了一套完整的说明。

(10) 孟子论养气

孟子在修养方法上，干脆提出养气的言论，所谓：「夫志，气之帅也。」乃至特别提出由养其夜气而至于平旦之气的气象，然后可养到至于浩然之气，而充塞于天地之间，而且更具体的说出养气进修的程序，如：「可欲之谓善，有诸己之谓信，充实之谓美，充实而有光辉之谓大，大而化之之谓圣，圣而不可知之谓神」等言论。

中华国学再造领导力
企业家高级研修班 讲义

CHAN OF CEO

第三章

工 作 观

第一讲 理无碍

编讲人：强梵暢
Edited by Victor Chiang
中国北京大学宗教学系 兼任研究员
Research Fellow
Department of Religious Studies
Peking University , Beijing , China

CCEO-A3-B1-01

第三章 工作观 总纲目

第一讲 理无碍	第二讲 事无碍	第三讲 理事无碍	第四讲 事事无碍

守时态度	乐观心态	参谋作业	销售工作
守法态度	进取心态	策划作业	管理工作
守业态度	协助心态	主办作业	服务工作
守钱态度	合作心态	检讨作业	研究工作
守安态度	共享决策	整合作业	公共工作

Thldl

第三章工作观 第一讲理无碍

- ◆ **1、守时态度**
  - （1）管理好时间（2）时间有限性（3）时间的浪费
  - （4）集中用时间（5）时间的错用（6）时效的把握
  - （7）科学的起点（8）君子好习惯
  - （9）时间再分配（10）时间的检讨

- ◆ **2、守法态度**
  - （1）建立责任观（2）不欺人欺世（3）法规的遵守
  - （4）安于己本分（5）尽职而守信（6）不阳奉阴违
  - （7）徒法不自行（8）重游戏规则
  - （9）法律的边缘（10）美恶法亦法

- ◆ **3、守业态度**
  - （1）要以身作则（2）IBM的敬业（3）哈佛的敬业
  - （4）不怨天尤人（5）负责的毅力（6）必成的信心
  - （7）当仁而不让（8）敬业的精神
  - （9）创新的精神（10）焦点的贡献

- ◆ **4、守钱态度**
  - （1）对金钱敏感（2）报酬的定义（3）劳动者报酬
  - （4）知识者报酬（5）企业者报酬（6）不假公济私
  - （7）不五鬼运财（8）不苛扣压榨
  - （9）合理的佣金（10）双赢的理念

- ◆ **5、守安态度**（1）司马光防患（2）国家的安全
  - （3）社会的安全（4）企业的安全（5）员工的安全
  - （6）工作的安全（7）工作的方针（8）产业的安全
  - （9）专利的安全（10）经销的安全

第三章：工作观 Work Vision

第一讲：理无碍 Theory Stage（学习次第）**1**、守时态度

（1）管理好时间

有效的经营者知道，为了要管理自己的时间，首先应了解我们实际上怎样使用自己的时间。

（2）时间有限性

无论在任何事情的经过过程，对于决定成果最有影响力的因素就是最缺乏的资源，就是时间。

（3）时间的浪费

我们易流于为非生产性目的而耗用时间，或无目的地浪费时间。任何一个经营者，都不得不将其大部份时间用于对公司目的全无贡献的事项上，同时对于避免如此浪费许多时间一事，在大部分的情况下都是无能为力。

（4）集中用时间

为了做事要有效果，一切知识劳动者，必须使自己的时间能够不被寸断，必须能够保持相对长的时间以便继续利用。

（5）时间的错用

某家公司董事长对时间想法：三分之一就是他与公司干部相处共事的时间，其次三分之一就是与重要顾客一起消磨的时间，而其余三分之一就是充用于各种社会活动的时间。出乎意料之外，现实的记录指出了他常为了他私人所熟悉的顾客的订货操心，不断地发出有关消息，并干扰工厂的作用。

第三章：工作观 Work Vision

第一讲：理无碍 Theory Stage（学习次第）　1、守时态度

(6) 时效的把握

「人生七十古来少，除掉孩提和年老，中间已无几多时，还有一半睡掉了！」若不能把握时效，对个人的事业和大业有所贡献，定会感触万端。

(7) 科学的起点

守时，乃是人格信用和负责成败的基础。守时乃为科学办事的起点，亦为事业成功的起点。

(8) 君子好习惯

孟德期鸠有言：「好习惯有四：就是准时、正确、恒心和迅速。缺第一种，光阴浪费。缺第二种，错误百出。缺第三种，无事成功。缺第四种，错过机会。」

(9) 时间再分配

根据美国调查研究所所长里奥西伦的调查报告，大部份的企业家们，在他们的办公厅里没有不中断的二十分钟，他们的重要决定都被挟在当时要做的工作之中，无法动弹。只有一位商人有时间筹划商业中的根本政策和长期计划，他把此贵重时间编排在早晨上班前，在家里筹划基本政策达一小时半的长时间。

(10) 时间的检讨

必须先记录自己利用时间的实况，找出浪费时间的活动，设法排除浪费的时间，并且尽量合并「自由时间」，获得较长的整段时间以便集中力量，产生应有效果。因拙劣的管理，如计划能力的缺乏，人员的过剩、组织的不善以及连接的不佳也会引起经营者时间的浪费。

第三章：工作观 Work Vision

第一讲：理无碍 Theory Stage（学习次第）　**2、守法态度**

(1) 建立责任观

有的人在客观的考虑一件事体时，常常头头是道，言之成理，但一牵涉到现实问题，个人利害，往往把原则抛开不管。我们要进一步去澄清责任观念，研究负责办法。

(2) 不欺人欺世

虽然有些人，自认为他的聪明才智，不独能在法律的漏洞中任所欲为，并能在人类的弱点中运用自如，听其摆布而不敢有所表白。但是，欺人欺世的行为，终有一天要被人所卑视而予以摒弃的。

(3) 法规的遵守

法律之能够发生作用，就在于人人守法，人人平等，没有特权，也没有例外。任何非法玩法或滥用权力有亏职守的举动，是国家社会之所共弃。

(4) 安于己本分

守分的意义则为不投机取巧，不争功夺利，不搞小组织，牺牲小我，成功大我。工作只是贡献，只是服务。

(5) 尽职而守信

孔子说：「民无信不立。」凡是以欺骗诡诈起家，无信悖义，故终必倒行逆施，归于败亡。大家要以真心实力，以建立同事间的共信互信，并以树立全民对公司，对产品的信仰和信任。

(6) 不阳奉阴违

过去的一种普通病态，就是习于怀疑猜忌，冲突排挤，下焉者更是面誉心非，阳奉阴违，投机取巧，争权夺利，总认为自己是对的，别人是错的。因之造成为一个典型的官僚政客。

(7) 徒法不自行

古语：「徒法不自行。」古今中外，法律只是规范国民在特定时代及社会中的共同行动标准。「恶法亦法」，只在大家是否遵守。

(8) 重游戏规则

国际间、社会间、企业间、人际间等均有一定的法则，公司内部也有公司的规则；尊重法则，就是对别及对自己的尊重。

(9) 法律的边缘

任何法律、法规、规则，没有十全十美，也没有一成不变的，知法的人，更会犯法。要小心地走在法律的边缘。

(10) 美恶法亦法

法律是随着外在的时空而改变的，法律公平的精神是不变的，但法条往往过时，须随时修订，美国对法律虽常提出挑战，但未改变的法，仍为大家所尊重。

第三章：工作观 Work Vision
第一讲：理无碍 Theory Stage（学习次第） **3、守业态度**

（1）要以身作则

经理必须是一个好的「追随者」，才能成为一个好的主管，一切以「员工第一」为准则。唯有员工把他们的想法和感受说出来，才是改进公司业务方针的最好方法。

（2）IBM的敬业

IBM前任董事长汤姆曾经说过：「所有公司企业主管必须从推销员干起，只有让他们置身于深水之中，才能知道他们会不会游泳。」

（3）哈佛的敬业

每一位哈佛商学院毕业生，皆需经历真正「推销员」的历练，当您有一天掌握公司发展方向时，才能「洞察民情」。

（4）不怨天尤人

许多人牢骚满腹，怨天尤人，大都是觉得国家对他不起，社会缺乏公道，个人所求不遂，因而处处与政府为难。国家兴亡，社会好坏，自己应负有一份责任。绝不能因个人一时的挫折，便撒手不干，任令政治败坏下去。

（5）负责的毅力

到了无法隐藏的时候，不是向上一推，就是竭力推卸责任。结果，事无巨细，都一事无成。要养成切实负责的毅力，必先从解决问题入手，也可以说是表示负责的开始，更可以说要证实一个人是否负责，必以他解决问题的多寡大小为断。

清华大学 辅导方培训项目网

第三章：工作观 Work Vision

第一讲：理无碍 Theory Stage（学习次第）　3、守业态度

(6) 必成的信心

要养成必成的信心：不问对任何一件事，既经决予从事，就应当排除阳奉阴违，怀疑观望，敷衍了事，因循姑息的恶习，保持不变质，不走样，不折不扣，决底于成的决心，这样才算是真正负责的表现。

(7) 当仁而不让

要养成当仁不让的精神：有些人喜欢避难就易，避重就轻，权到则希望越多越好，责任则希望越轻越小越好。要扭转一风气，就应该做最苦的事，做最繁重的事，把一切患得患失，畏首畏尾的祛弱念头从根拔除。

(8) 敬业的精神

有些人喜新厌旧，因而经常不满现实，不安现状，于是发生见异思迁的恶劣心理，不达其欲，则心灰意冷，达到他的欲望后，不是认为权小，就是觉得太吃力太劳累，因而敷衍塞职，藉机求去。我们一定要干好本身的工作，才能负更大更多的责任。

(9) 创新的精神

「周虽旧邦，其命维新。」每一个人，在其才智范团之内，在其工作岗位之上，都应排除万难，竭尽全力来创新。社会更应辅导创新，激励创新。

(10) 焦点在贡献

把焦点放在贡献，可使经营者的注意力从他自己的专门、狭窄技能以及工作部门转移到整个组织的成绩上。因而也使经营者站在顾客、客户以及病人的立场来考虑一切的事情。一个经营者所做的事情与所采取的方法都会有显著的改变。

（1）对金钱敏感

如果对于金钱不能善加控制，对于其他一切事情也就不会好好管理。经营健全的公司或商店必须在平时对金钱问题比较敏感。

（2）报酬的定义

因为经营者所以得到报酬的理由，不是因为他们做了他们想要做的事情，而是因为他们使正确的事情进行，所以才得到报酬。

（3）劳动者报酬

大家都相信体力劳动者是只有经济的目标，有了经济的报酬就满足了。但这种看法是如「人群关系学派」所证明那样，离事实太远；只要工资一超过生存基准，这种看法就不能再通用。

（4）知识者报酬

知识劳动者也会要求经济上的报酬。但是只有报酬还不够，知识劳动者需要能够发挥的机会，需要工作的成绩，需要愿望的达成以至各种各样的价值。

（5）企业者报酬

不能使顾客在交货与服务的期望上面得到满足，因而引起的风险；因生产计划受到扰乱或不安定而引起的风险及费用；还有把资金固定于商品上面，而由于损耗、不合时尚或其他各种理由，可能减低这些商品的价值，因而引起风险及费用等等均是。

(6) 不假公济私

在企业的公共关系活动中，很难避免「假公济私」的作法，适度、适当的应酬，应是可以规范的。

(7) 不五鬼运财

企业及机构的财务，必须要有严格的制度、规则，「公款公用，集款专用」；企业财务的结构与管理，与企业品牌一样重要。

(8) 不苛扣压榨

企业的成果，是全体员工干部共同努力的结果；美国大的企业均有员工分红制度、配股制度；企业的成功，不是靠「苛扣」，而是「分享」。

(9) 合理的佣金

用正当的佣金制度，取代无法的回扣、贪污现象；使各种谋取利润的手段合法化、制度化，才能促进正面的竞争与进步。

(10) 双赢的观念

私人与企业的利润，是社会财富的分享；企业的中心是利润中心，企业相关的一切也当在利润的风圈内，相辅相成。

第三章：工作观 Work Vision
第一讲：理无碍 Theory Stage（学习次第） **5**、守安态度

(1) 司马光防患

司马光：「夫水之微也，捧土可塞；及其盛也，漂木石，没邱陵；火之微也，勺水可减；及其盛也，焦都邑，燔山林。故治之於微，虽用力寡而功多；治之於盛，则用力多而功寡，是故圣帝明王，皆消患於未萌，弭祸於未形，天下阴被其德，而莫知其所以然也。」

(2) 国家的安全

人类的基本要求，就是生存与发展；国家乃是人类为解决自己的生存，才用合群的武力结合成的团体。其次，要保障人民安全及人民生活，首先就要保障国家的安全。

(3) 社会的安全

社会性事件固然可能变质形成政治性事件；个人问题也可能发展而为群众问题；任何问题因素与措施上的缝隙，也都可能直接间接导致紧急事件的萌芽。紧急事件发生的初期，一如星星之火，防制极为容易；及其蔓延扩大，势同野火燎原，非唯处置困难，尤多不利影响。

(4) 企业的安全

对业已发掘的企业问题，特别是影响安全或可能导致影响安全事件的问题因素，应就其原因详加分析，凡是可以解决的，各有关部门应迅速有效予以解决；如为实际条件所限，不能彻底解决的，则应运用宣导的方式，集体或个别予以解说，使其获致正确的了解，以端正其认识，转化其心理。

(5) 员工的安全

运用人员安全调查，对虽未涉嫌不法活动，但另涉有其他影响企业安全因素的人员（为参与非法组织、信奉不正当宗教、生活腐化、心怀愤懑、观念偏颇……等），仍应予以发掘、掌握、防范及处理，对于问题份子，应分析其问题症结所在，针对其在观念上、心理上、品德上的偏差，或个人事务上的困扰，适当的、有组织、有计划的个别予以疏导及转化，并解除其困厄。

(6) 工作的安全

美国政府规定，所有的公司，均必须要有工作安全的规章、办法、紧急处理。送医程序等手册，必须让每一位职工及主管，知道如何处理紧急突发事件。

(7) 工作的方针

工作方针是：紧密结合巩固安全措施之需要，以直接关系安全之情况掌握为重点，兼及影响安全之有关问题与上级需要了解之状况，作有计划的、适切、全面、深入之汇集与研判，支援预防措施，遏止突发事件，策应应急行动之要求。

(8) 产业的安全

防止天灾人祸对公司或企业财产上的损失，企业主管要谨慎地选择适当而全面的保险，以防万一。

(9) 专利的安全

公司对于自己拥有的智慧产权，如专利、发明、品牌等均必须严加保密，以防企业间谍，窃取产业机密。

(10) 经销的安全

公司对于经营策略、行销、人事、财务、决策等均应有一个保密系统，以防「内鬼通外贼，吃里而爬外」。商场如战场，许多企业失败，就是保密守安不周所致。

中华国学再造领导力
企业家高级研修班 讲义

CHAN OF CEO

第三章

工 作 观

第二讲 事无碍

编讲人：强梵畅
Edited by Victor Chiang
中国北京大学宗教学系 兼任研究员
Research Fellow
Department of Religious Studies
Peking University , Beijing , China

清華大學 领导力培训项目网
Tsinghua University Training of Leadership

第三章 工作观 总纲目

<table>
<tr>
<td>第一讲
理无碍</td>
<td>
第二讲
事无碍</td>
<td>第三讲
理事无碍</td>
<td>第四讲
事事无碍</td>
</tr>
<tr>
<td></td>
<td></td>
<td></td>
<td></td>
</tr>
<tr>
<td>守时态度
守法态度
守业态度
守钱态度
守安态度</td>
<td>乐观心态
进取心态
协助心态
合作心态
共享决策</td>
<td>参谋作业
策划作业
主办作业
检讨作业
整合作业</td>
<td>销售工作
管理工作
服务工作
研究工作
公共工作</td>
</tr>
</table>

第
三
章
工
作
观

第

无

碍

- **6、乐观心态**
  - （1）西航的幽默（2）人性的欲望（3）渴望被重视
  - （4）舞剧家感觉（5）保持高兴做（6）和气而生财
  - （7）气氛的改变（8）不见异思迁
  - （9）对命运负责（10）认识己位置

- **7、进取心态**
  - （1）规律而进取（2）活在赞许中（3）是贤不反应
  - （4）要面对现实（5）创新的勇气（6）自我的肯定
  - （7）开发己潜力（8）强烈的信心
  - （9）以败为进法（10）平衡身心灵

- **8、协助心态**
  - （1）同舟而共济（2）对方的需要（3）避免争辩论
  - （4）先熔入团体（5）组织要进步（6）协调各目标
  - （7）明确作决定（8）妥协的抉择
  - （9）理智的论证（10）考虑到对方

- **9、合作心态**
  - （1）合作重要性（2）合作利用性（3）合作生产线
  - （4）取长而补短（5）对方的立场（6）对人感兴趣
  - （7）正面的态度（8）自发的合作
  - （9）医院的合作（10）通用的实例

- **10、共享心态**
  - （1）新航向心力（2）客户想要的（3）给观众最好
  - （4）共存与共荣（5）宏基的理论（6）培养接班人
  - （7）企业的分红（8）共同的努力
  - （9）双赢的市场（10）全球的共享

（1）西航的幽默

西南航空公司在聘用人员时，非常重视应征者是否有幽默感，他们认为，这类个性比较能应付工作上的压力，也比较合群。因此该公司职前训练课程非常强调说笑话、唱歌来松解工作上之紧张气氛。

（2）人性的欲望

二十世纪最著名的心理学家弗洛德博士说，凡你我所做的事都起源于两种动机：性的冲动及成为伟大的欲望。美国大哲学家杜威教授说：「人类天性中最深刻的冲动就是：成为重要的欲望。」

（3）渴望被重视

林肯有一次写信开端说：「人人都喜欢恭维」。詹姆士说：「人类天性的至深本质就是渴求为人所重视」。就是这自重感的欲望激励了狄更士做他的不朽小说；这个欲望激励了瑞恩设计他的石的和音；这个欲望使洛克裴勒积存了他一辈子也化不了的千百万元钱。

（4）舞剧家感觉

齐格飞，炫耀于百老汇的最惊人的歌舞剧家，因他「使美国女子显赫」的技巧而得名。他屡次将无人愿再多看一眼的不很出色的女子改变而成为在舞台上神秘诱惑的尤物。知道赞赏和坚信的价值，他完全用他的趋承及推重的力量，使妇女「感觉」美丽。

（5）和气而生财

「和气生财」，如不能养成乐观的习惯，决无法笑颜常开，既不能笑颜常开，即不能被人誉为「和气」；既不能博得他人对你称许，根本无法博得人们对你的好感。

第三章：工作观 **Work Vision**

第二讲：事无碍 Practical Stage（实践次第） 6、乐观心态

(6) 保持高兴做

美国一家大橡皮公司的董事长就他的观察，一个人无论做什么事，除非高兴去做，很少成功。他们成功，因为他们极乐于经营他们的事业。后来，我看见那些人开始苦干，工作变为沉闷，失掉了工作中的乐趣，导致失败。

(7) 气氛的改变

例如密西根州某市市长规定市政府全部局课长，上午间要做三十分钟的「默想」，在此时间里，他们什么都不做，电话来了没人去理它，有人来访只好让他们等着，因为在这半小里，市政府官员们都闭着眼睛，养精蓄锐而构想着他们要做的新工作。

(8) 不见异思迁

你应该从事一项你能做得比任何人都能做得好的工作。切忌不停地改变你的专业，见异思迁；当你每做一次改变，都会有一些无法弥补的损失产生。

(9) 对命运负责

一个人如果有强烈的意念，想避免为自己的命运负完全责任，那么他的自我认知，就会对他的事业掌握产生反作用。我们必须不断成长，并且掌握自我，这才是赢取胜利的唯一方法。没有任何一个人能够平白获得事业成功的，想拥有自己的事业，就得付出代价。

(10) 认识己位置

诺贝尔和平奖获得者饱尔奇为一个晚宴安排宾客座次，他说：「重要的人都是不在乎的，而在乎的人往往都是不重要的」凡是能清楚认识自己「位置」的人，根本没必要为了争位置而不顾一切；而想尽办法出风头；所谓正确的自我评价只是知道自己应该努力的方向。

第三章：工作观 Work Vision
第二讲：事无碍 Practical Stage（实践次第）7、进取心态

（1）规律而进取

他曾经说过：「四年的军事生活，把他训练得如何抓紧时间，创造机会，而不需要在以后数十年受苦，而一般大学生，如果在大学四年中虚度光阴，他们在今后数十年就要受苦了。」

（2）活在赞许中

「在我一生的广阔交往与世界各地名人会见中，」斯瓦伯说，「我还没有找到一个人，无论如何伟大，地位如何高，不在被赞许的精神下，比在被批评的精神下成更好的事，用更大的力的」

（3）是贤不反应

有技巧的讲话者得到在开始的进修许多「是的反应」，他因而将他听众的心理作用移向正面方向。」在开始的时候使学生，或顾客、儿童、丈夫或妻子说「不」，即需要神仙的智慧与忍耐，改变那耸起的否定变为肯定的。

（4）要面对现实

所以一个有正确人生观的人，不企图逃避现实，而在不问任何的困难之下面对现实，因而经常能击破当前的困难和障碍，达到自己的希望。人生没有一件事是太难巨，太困难而使人不能去面对的，最可怕的疾病、贫困、死亡，只要你能以虔诚的信心，对将来产生希望，便不难产生面对现实的勇气。欧美人士，常以不幸为良师，以劳苦为幸遇。

（5）创新的勇气

创新会遭遇到环境的阻挠，涉及到关系人的既得利益，新的出现，旧的就要受到损失。在你创新的过程中，会遇到种种的打击、困扰、杯葛、压制，都是可以想像的。如果抗御不了，则新事物就会功败垂成，半途而废。是以要创新成功，又得具大勇气、大决心。

第三章：工作观 Work Vision

第二讲：事无碍 Practical Stage（实践次第）7、进取心态

（6）自我的肯定

　　所有成功的人必定都是每天不断对自己说「我一定行」，「我已经准备好了」，「我一定没问题」，「我比以前进步得多」。这种对自己不断的正面的鼓励，绝对可以有效激发自己的潜能。当一个人习惯否定自己的价值，再想要指望有好的表现，是十分困难。

（7）开发己潜力

　　我们每个人的才能差不多都仅仅只发挥了一小部分，还有很大的潜力可挖掘呢。事实上社会阶层、家庭教育、宗教信仰等因素都可能局限我们的发展。你能在认清自己的长处时就努力去开发它，并把它的优势发挥到极致。

（8）强烈的信心

　　个人选择和决心的重要性。抗癌成功者都具有一些正面的心理特质，拒绝放弃希望、拒绝扮演病人角色、随时准备接受新观念等。他们对自己永远具有强烈的信心。

（9）以败为进法

　　故意在某些无关紧要的事情上失败，对你个人的存在价值并不会有所损失的；你是不是仍然可以从愉快的活动中获得乐趣？你也许会找到一些更新更深的体验呢。

（10）平衡身心灵

　　身心健全与成功的事业绝对有直接相关。由于紧张忙碌的事业会导致压力，为了使压力不致对人产生负面的效应，需要有一些技巧和正确的态度，情绪的正常发展也十分重要。身体上、情绪上、理智上、精神上的安宁，与达成并维持满意的事业之间彼此有相互密切的关系。

第三章：工作观 Work Vision

第二讲：事无碍 Practical Stage（实践次第） 8、协助心态

（1）同舟而共济

改变必经从上而上，经理人是必须带领大家一起来发挥「同舟共济」之神，经常的交换意见，让大家的观念及困难能够建立在互信之基础上，才能长期建立公司文化。

（2）对方的需要

亚佛斯德教授：「行动由我们的基本欲望而发生……对于未来的想说服人的人最好的建议，无论在商业中、家庭中、学校中、政治中，是：第一，在他人的心中激起一种急切的需求。他能做到这点就可左右逢源，否则到处碰壁！」卡耐基的唯一方法就是就对方的需要而讲。

（3）避免争辩论

十次有九次，辩论终了之后，每个争论的人，都比以前更坚信他是绝对的不错。你不能辩论得胜，因为如果你失败，你就失败了；如果你得胜，你还是失败的。为什么对一个人证明他是错的？那能使他喜欢你吗？为什么不让他保持面子？永远避免正面的冲突。

（4）先熔入团体

让自己成为公司的一员，是进入社会的一项相当重要的桥梁。年轻人必须吸收新的价值、习惯、传统及团体中的阶级秩序，努力寻求他人的接纳。必须学习一般的规矩，以求受人赏识，如此才可能被提拔到更有趣、更有权、更多报酬的高价职位。

（5）组织要进步

今天的组织必须能够提供明天的经营人才；一个组织必须能够更新人力资本，并且必须继续提高人力资源的水准。我们这一代的人经过辛苦而专诚的努力所达成的成果，到了下一代就应该当做很自然的成果。一个组织如果是只有反复维持今天的理想、能力以及成果的水准，这个组织已经失掉了适应的能力。因为在这个世界唯一确实的事情是变化。

第三章：工作观 **Work　Vision**

第二讲：事无碍 **Practical Stage**（实践次第）　**8**、协助心态

（6）**协助各目标**

部属替自己所定的目标，几乎都是与主管所想的目标完全不同。部属或年青的人，用不同的眼光来看现实。他们愈有能力，愈想积极负责，他们对现实、对客观的机会及客观的需要的感受，就愈跟主管或组织的看法发生重大的差别。

（7）**明确作决定**

要明确地、详细地规定「这个决定应完成的是什么？」「这个决定所须要满足的条件是什么？」限制条件的规定愈简洁明确，该决定愈有效而完成预期结果的可能性也愈大。

（8）**妥协的抉择**

妥协有两类：其一如古谚「半个面包胜过没有面包」；其二如所罗门王所说的「半个婴儿比没有更糟」。我们如果一开始就问「什么事容易被接受」，那么就不能获得什么东西。因为想满足的过程中，我们通常一定会牺牲重要事情，不仅得不到正确解答，也会丧失获得有效解答的可能。

（9）**理智的论证**

有效的决定者都会组织争论。有了充分的争论，他才不会为虚伪、不完全以及似是而非的事情所蒙蔽。这样才有几个代案可供他作正确的选择与决定，并且在发现其决定有缺陷或执行错误时，也不至于彷徨失措。有效的决定者，不会一开始就假定只有一个建议案是正确，而其他的都是错误；也不会首先就假定「我对他错」；总是先想办法找出原因，看为什么人们的意见会有不同。

（10）**考虑到对方**

不管自己是如何地兴奋，如何确信对方是完全错误、完全没有道理，如果想要做正确决定，就得强迫自己考虑对方，而把对方看做可以用来彻底检讨可能代案的一个方法。

第三章：工作观 Work Vision
第二讲：事无碍 Practical Stage（实践次第） 9、合作心态

(1) 合作重要性

只有在组织里面工作的人们，肯活用经营者贡献时，经营者才能够有效。

(2) 合作利用性

组织会把一个经营者的知识加以利用，使之变成其他知识劳动者的资源，士气及见识，增加了人的力量。

(3) 合作生产源

无论您从事何种行业，凡是有一群自发之员工，能够不计辛劳，卷起袖子来做事，不但是把份内工作做好，也乐于帮助其他伙伴，一同来筹成一条完整之「生产线」，产品经过严格之品质管制，这种有高效率的公司必然会赚钱，必须是前途无可限量。

(4) 取长而补短

每位员工皆具有各人不同之才能及潜力，了解到彼此互相需要可以取长补短，相互容忍，应该鼓励独立性而不能过分管治，良好的工作环境必须建立在员工们的互助、互信及相互学习之基础上。

(5) 对方的立场

「如果有一个成功的秘诀，」福特说，「那就在得到对方立场的能力，由他的观点看事，同由你自己的观点一样」。

第三章：工作观 Work Vision

第二讲：事无碍 Practical Stage（实践次第）9、合作心态

(6) 对人感兴趣

心理学家亚得洛：「对别人不感觉兴趣的人，生活中困难最大，对别人的损害也最大。所有人类的失败，都由这些人中发生。」

(7) 正面的态度

成功者无论碰到如何棘手的情况，都有能撑下去的技巧，从情况中超脱，做直升机式的鸟瞰。如果像迷宫中的老鼠那样乱窜，任何人也不能够成就一番不凡的事业。

(8) 自发的合作

把焦点放在贡献上，就可以导致横的连击，进而可以促成合作。有效的工作，事实上是由具备各种知识与技能的人，在团体里借团体力量做出来的。有效的工作并不是依照正式的法律结构，大家工作就可以做得到的；而是根据当时状况之形势与工作的要求，大家自动自发一起工作才能做到的。

(9) 医院的合作

医院可能是以知识为中心的现代组织中最复杂的机构。医院有许多护士、营养师、物疗师、X光技师、药剂师、病理学者以及其他许多有关健康服务的专家；但他们必须不受别人有意的指挥或控制，而同心协力地治疗一个病人。他们一定要按照一个综合的行动计划，即根据医师的治疗处方，为共同的目的而合作。

(10) 通用的实例

通用公司由于强硬、任性的各部门经理不愿合作，所以当史乐恩就任时，公司几乎频临毁灭的危机。他认识，大企业需要有把握实权的自己的高级经营者，同样在各部门的经营也需要有干劲、热情及力量；每一部门的经营者，须能自由按照自己的方法去工作，又有与责任相对的权力，并要有能发挥他的能力的活动范围，最后对他的业绩要能获得报酬。

第三章：工作观 Work Vision
第二讲：事无碍 Practical Stage（实践次第） 10、共享心态

(1) 新航向心力

新航为鼓励员工参与公司的经营，不断鼓励员工提出新的构想，不论是经营或管理上，员工可以提出自己的做法，并会得到公司奖励。这种众「心」做起的方法，使新航员工有了共同之目标，在激烈竞争之航空事业中立于不败之地。

(2) 客户想要的

千百的推销员，徘徊路上，疲乏、颓丧、报酬不足。因为他们永远只在想他们所要的。我们永远注意解决我们的问题，而买主喜欢觉着他是自动的买——不是被人推销。

(3) 给观众最好

幻术家说：「好，那里是一群温生，一群乡愚；我可好好的骗他们一下。」但塞斯顿说：「我因这些人看我而觉感谢，他们使我能舒适的生活，我将尽力把最好的给他们。」「我爱我的观众，我爱我的观众」。

(4) 共存与共荣

为了彼此的进步和发展，绝不能产生恶性竞争的情况，而要提高彼此的共存意识，在对立中保持协调的态度，顾及商业道德。这种积极一致的态度和行动，才是国家和国民全体真正共存共荣的基础。

(5) 宏基的理论

施振荣的「宏基一二三理论」理由：企业的价值取决于对社会的贡献，企业对社会的贡献是提供高品质的产品与服务来满足消费者的需求；为了提高产品品质与服务水准，必须要有高素质的员工；因此企业必须照顾员工，公司经营成功，利润自然会回馈给公司。

第三章：工作观 Work Vision
第二讲：事无碍 Practical Stage（实践次第） 10、共享心态

(6) 培养接班人

一些管理人员已经准备接替前任得到晋升了，因为他已经让下级进行了充分的训练和实习，以便接手做的工作。一个管理人员做得成功与否，要看是否给下属以适当的锻炼机会。

(7) 企业的分红

美国许多大型上市公司，为了培养员工的斗志，均有员工配股或优先购股的政策，使得全体员工，产生共存共享的工作情绪。

(8) 共同的努力

当今市场经济，竞争激烈，任何一个企业的成功，均必须要全体员工的通力合作，所以企业的成功，是共同的努力，有些成果也应共同分享。

(9) 双赢的市场

企业与企业之间，虽然竞争激烈，但绝不是生死存亡的斗争，中国企业的竞争，都是竞相杀价，降低品质以提高竞争力。但是，如果竞争又互助，对立又统一，才是真正企业家应有的市场分享心态。因为，任何人均无法独霸市场，而应分享市场。

(10) 全球的共享

现在全球化的结果，世界上任何一个科技的发明、医学的突破、创新的学说等，均成为全球共享的资源，但共享并非非法的侵害别人的专利及版权；均要透过市场的合法途径去享受人类文明的成果。

Thldl
领导力培训专家

清華大学

中华国学再造领导力
企业家高级研修班 讲义

CHAN OF CEO

企 业 禅

第三章

工 作 观

第三讲 理事无碍

编讲人：强梵暢
Edited by Victor Chiang
中国北京大学宗教学系 兼任研究员
Research Fellow
Department of Religious Studies
Peking University , Beijing , China

清華大学 领导力培训项目网
Tsinghua University Training of Leadership

CCEO-A3-B3-01

第三章 工作观 总纲目

第一讲 理无碍	第二讲 事无碍	第三讲 理事无碍	第四讲 事事无碍

守时态度	乐观心态	参谋作业	销售工作
守法态度	进取心态	策划作业	管理工作
守业态度	协助心态	主办作业	服务工作
守钱态度	合作心态	检讨作业	研究工作
守安态度	共享决策	整合作业	公共工作

Thldl

第三章 工作观

第三讲 理事无碍

■ **_11、参谋作业_**
（1）记对方姓名（2）卡内基天才（3）用蜜捉苍蝇
（4）确保己优势（5）果断处谨言（6）沉机以待变
（7）以敌而制敌（8）危机的处理
（9）参谋的作业（10）正确的报告

■ **_12、策划作业_**
（1）有效地思考（2）智慧成行动（3）行销的计划
（4）完整的计划（5）对方的喜悦（6）因事而制宜
（7）慎用权谋术（8）善对付阻力
（9）顺敌而误敌（10）应变调计划

■ **_13、主办作业_**
（1）现场决定权（2）对别人兴趣（3）使对方重要
（4）制造企业潮（5）公关的掌握（6）要掌握主动
（7）先发而制人（8）特别重宣传
（9）决策的决定（10）不直觉决定

■ **_14、检讨作业_**
（1）稽查委员会（2）急功近利法（3）检讨组织体
（4）检讨优劣势（5）承认自己错（6）无用的批评
（7）让对方发泄（8）不要争辩论
（9）处时机过机（10）每周的反省

■ **_15、整合作业_**
（1）精简总经营（2）总咨询别人（3）化阻为助
（4）对立的协调（5）先谈同意事（6）迅速而妥当
（7）妥协的选择（8）多准备代案
（9）计划评核法（10）到现场亲证

第三章：工作观 Work Vision
第三讲：理事无碍 Judgment Stage（证成次第）　11、参谋作业

（1）记对方姓名

一个政治学家的第一课课程，就是：「想起选举人的姓名是政才，忘记就是烟没。」

（2）卡内基天才

卡内基他知道如何处理人——那也就是使他致富的原因。到他十几的时候，他也发觉了人们对于自己的名字的惊人重视。他利用那种发觉去获得合作。

（3）用蜜捉苍蝇

一句古老真实的格言说：「一滴蜜比一加仑胆汁捉住更多的苍蝇。」对人也是这样，如果你要得人同意你的主张，先使他相信你是他的真实朋友。

（4）确保己优势

处理优势的环境，要谨慎，要有耐性，要有毅力，要有使人衷心钦服的风度和调令。要有服务人群始终不懈的精神和志趣，才能确保此一优势而不被敌对者所乘。

（5）果断处谣言

不问任何谣言的兴起，必有其所由起，绝非无端逆发，如能眼明手快，乘其将起未起之前，果能巧妙应付，或立于疏解，或消其祸根，必可弭患于无形。其次是一见事变征象，立予循迹推索，以不澈不随的手腕，不卑不抗的态度，去应付尚未扩大的谣言，必能收事半功倍的功效。

(6) 沉机以待变

进至白刃或胶着战时，任何有关调整、改变形势的措施，均系成败关键的所在，不是百尺竿头更进一步；就是一着差错而使前功尽弃。候选人十九都是以沉机待变的方式去处理尖锐化的形态的。

(7) 以敌而制敌

在敌制敌的方法，如能转移对方之目标，使其不对我而对向于他人，定可收到不可计议的功效。移的作用：使敌攻彼而不攻我，围彼而不围我，我不但可以避其害，兼可收到乘其弊而借敌和误敌的效用。良以设敌有拟以我为目标时，或因虑我之侵彼而先图我时，如我不先发挥移的作用，则我不免当其锋，爱其害，或力不足以抵抗，因而导致全局失败。

(8) 危机的处理

不问任何突发事故，必有它确勃发的原因，绝不至无因而发。如能眼明手快，在其将起未起之前，妥予应付，弭患于无形；或予以指导，端其始基；或竟与转移。一张一弛，一举一动，要在人心动机 上先做工夫，方不致形成错误的事态。向例无声无响的干旋。它的成功是超过有声有形的仓皇补救。

(9) 参谋的作事

作为一个干部，他的责任是协助主管掌握单位的全盘状况，因此必须有组织的搜集资料，对任何值得注意的事物都不放过，并一点一滴的加以研判，把它们拼凑在一起，一直到构成一幅非常明细的单位状况图，使我们不仅由收能确实掌握目的的态势，同时也控制了未来的发展。

(10) 正确的报告

你认为正确的就写在报告书。你不必挂心我们如何反应。也不必担心我们会满意这个或者不满意那个，更不必操心为使人家接受你的建议所得要的妥协是什么。假如你不能告诉他什么是正确的事情的话，他就不能做正确的妥协。

清华大学 领导力培训项目网　　　　CCEO-A3-B3-05　　　　*Copyrights 2008 In U.S.A/China by Victor Chinn*

第三章：工作观 **Work Vision**
第三讲：理事无碍 Judgment Stage（证成次第）**12、策划作业**

(1) *有效地思考*
　　自我启导，把自己引向有成果，或贡献的方向
（DRUCKA）。

(2) *智慧成行动*
　　知识、构想、情报等智慧，要应用到行动上，使产出成果。

(3) *行销的计划*
　　行销是每一个大小企业为了达到其销售或服务目标所做的经营推销市场的计划。只要你知道自己的产品和服务项目，了解您的竞争对手，就可以制订一套行销计划，来达成推销产品，制造利润的目标。

(4) *完整的计划*
　　行销是「掌握现在，策划未来」的一项具体计划，不论你有多好的产品，多强的技术，还是要依靠市场来服务顾客，一套完整而简炼的计划，才是你成功之保证。

(5) *对方的喜悦*
　　因为罗斯福同所有的领袖一样，知道达到人心的大路，是对他谈论他最以为宝贵的事情。他谈论他知道能使你注意喜悦的事，他使他自己为人所欢迎。

（6）*因事而制宜*

术本是因时因地因人因事而变通的权谋策略，运用之妙存乎一心，以他人所遭逢的对手，与所遇的困难，必不能与前人所为所遇完全相同，铙他计多策广，决无法尽合眼前事实。

（7）*慎用权谋术*

有许多自诩为智多星的策略家，整日沉酣于「策略万能」的迷梦中，欲以权谋术数而达其私欲，往往不惜以道殉术，以选民殉个人，颠倒是非，强鹿为马，因而形成了逆流。

（8）*善对付阻力*

克服阻力的方法，最好能事先戒备阻力，不要一味害怕阻力，要珍视助力，不要一味满足当前的助力。必须不断的争取助力，不断的去消除阻力，平衡阻力，中立阻力，进而使阻力成为有利于我的助力，以获得决定性胜利。

（9）*顺敌而误敌*

然利之所在，害以集之，有似为利而实为害，有似为害而实为利，故有许多人只见利而不见害，或逐利而忘害，则其所拟的策略及措施，必陷于错误。

（10）*应变调计划*

并须随时随地根据情况的变化而更变易其计划，易于开成出入意外的剧变，设不能事先弭患于无形，亦应妥于疏导或转移，尤当突出奇兵，克敌制胜，始能确保胜利。

(1) 现场决定权

主办人依靠只有他们自己才能下判断的具体情况而定（决定权归于在现场执行人）

(2) 对别人兴趣

罗马诗人西罗士曾说：「当别人对我们发生兴趣时，我们就对别人发生兴趣。」

(3) 使对方重要

永使对方感觉重要。杜威教授说，自重的欲望是人类天性中最深刻的冲动；詹姆士教授说：「人类天性的至深本质就是渴求为人所重视。」

(4) 制造企业潮

高潮与低潮的起伏及其频数表现，均有其主要的因素，也各有其不同的变化，较早的高潮与局部的低潮有形成全部的高潮与最后的高潮的可能；但不是必然性，必须根据高潮发展过程及其环境，有许多较早的高潮，往往不能维持到最后，中间易被其他人的高潮所代替而发生抵消作用，较早的高潮易于夭折，这是最不利的。

(5) 公关的掌握

特别事项的目标，特别事项的效力。特别事项的设计；决定目标，特别事项的命名，决定特别事项的范围和性质，举办特别事项时须求职外界人士的合作，特别事项的报导，特别事项举办后的连续行动，特别事项设计实例，合并举行特别事项。特别事项的主要形式。公共关系计划中特别事项的运用。

CCEO-A3-B3-08

Copyrights 2008 In U.S.A/China by Victor
Chiang

清華大学 領导力培训项目网

(6) 要掌握主动

各种情势的变化更是复杂而无法预料的，很可能一切作为都成为被动，将如没有舵的船一样，提不出主动的要求与遵循的方向，因而失去了目的，为环境所摆布而不能适应环境，为错综的多变化的问题或工作所驱使，而不能归纳错综的多变化的问题或工作向自己最需要的方向去发展。

(7) 先发而制人

先下手的必能在心理上得着「先入为主」的便利。得着「先发制人」的胜利。所以识微知机的人，必具有力争先著的疾腕。

(8) 特别重宣传

「最理想的宣传家，必须是一个心理学家，纵然是一个煽动家倒也不妨，在他的手中，宣传将成为真正咪人的武器。」科学探讨是属于知识阶级的……宣传是属于群众的，所以宣传必须普遍的通俗，必须抓着广大群众的情感的想像力，不过他们的接受感受能力的范围，是很窄狭的。

(9) 决策的决定

所谓有效的经营者是不做很多的决定。他们只集中力量来做需要的决定。他们会周详考虑战略性、全盘性的事情而不做「个别问题的解决」；他们设法站在概念上的理解的最高水准，做少数几个重要的决定。他们要求效果重于方法，也要求健全的决定重于巧妙的决定。

(10) 不直觉决定

史乐恩决不是「凭直觉做决定」的决策者，他经常强调经营者必须把见解与事实对照比较，并且经营者也绝对要小心不从结论出发，而寻找有利于证实结论的事实。他知道正确的决定是须具有足够的争论。

第三章：工作观 Work Vision

第三讲：理事无碍 Judgment Stage（证成次第）14、检讨作业

(1) 稽查委员分

策略稽查委员会可以从公司业绩表现、人事升迁、未来发展方向做全盘检讨，检定公司总裁（CEO）是否在预定时间内达成公司交付之任务。委员会由外来人士主持，以求公正及公平标准，考核方式应该是以过去之表现，而不是未来之「空谈」。

(2) 急功近利法

许多大型公司总裁（CEO）了表现其经营手法，常常采取「急功近利」的方法，最普遍的就是兼并、裁员，以提高公司利润，以一张漂亮成绩单呈现给股东，以博得大家之欢心，这个报表后面确隐藏了许多不为人知之情形，董事会有非常大的责任把公司年度报表做彻底盘查，以保护股东利益。

(3) 检讨组织体

今日的跨国企业面临了全球市场竞争之压力，在其组织架构上必须做全盘之检讨，如何配合资源（RESOURCE）以完善之制度来推动企业不断的发展。

(4) 检讨优劣势

优势的产生是逐渐形成的，决无法一蹴而成；劣势的形成，却有于此相反的情形，当劣势来临的时候，往往一发而不可收拾。劣势的形成，经常是在开始时便有最大的助力，而缺乏阻力；他因为只有助力而没有阻力，自不免自负自大，要知道「道高一尺，魔高一丈」。

(5) 承认自己错

将你知道别人正在想，或要说，或想说的对你毁败的事，自己说出来。百对一的机会，他就会采取宽厚、原谅的态度，减轻你的错误了。

(6) 无用的批评

批评是无用的，因为它使人取守势，并常使他竭力为自己辩护。批评是危险的，因为它伤害一个人的宝贵的自尊心，伤他的自重感觉，并激起他的反抗。

(7) 让对方发泄

先由挑剔、报怨，得到这种自重感。他只要一位友善的，同情的静听者，使他可以对他发泄苦闷。那是我们在困难中都要的，那常是忿怒的顾客所要的，不满意的雇员，感情受伤害的朋友，也都是这样。

(8) 不要争辩论

老富兰克林说：如果你辩论、争强、反对，你或有时得到胜利；但这胜利是空调的，因为你永不能得到对方的好感了。播恩互助人寿保险公司为他们的推销员定下了一个固定的政策：不要辩论。人类的思想不是可以那样改变。

(9) 让时机过机

一纵即不可收拾的祸机，和一失而不可得的时机，他的变化性，是很强烈的，不论在时间上、在空间上，总没有保持其原状的可能。必俟与对方角逐时，他为了获致决定性的胜利，因而将怀过去的创伤，一一予以揭发，致使你在居于优势的情况下，因此一突发的变故而转为急转直下的劣势。

(10) 每周的反省

我常觉得这种每周的反省使我很不快乐；我常对我自己的错误惊奇。当然，经过数年之后，这些错误不常发生了。现今有时候在这种自省后，稍加自慰，这种自我分析，自我教育的方法，年年继续，对我，比我所试行过的任何，都更有益。

第三章：工作观 Work Vision
第三讲：理事无碍 Judgment Stage（证成次第） 15、整合作业

(1) 精简总经营

总部设在新罕布尔州的泰柯国际公司，宗旨是反对大的组织体制，尽量少开会，事情多半以电话解决，少写公文，面对面解决问题，高级主管们共用一位秘书，这种精简经营之方式，代表了资本主义经营的精神——不搞中央集权。

(2) 先咨询别人

当罗斯福做纽约州长的时候，他与政治首脑们感情很好，但他却强制实行他们所最不喜欢的改革。罗斯福很费事的，咨询别人，并对他们的建议表示敬重，那意念是他们的。

(3) 化阻为助力

化阻力为助力的方法，是在遇到不同情况的阻力时，首先，要了解阻力的形势。克服阻力的方式，绝不能一成不变，必须适应阻力来源的因素，阻力的类别，阻力程度的大小，采用不同的方式去克服。中立阻力，消除阻力，平衡阻力，做得好，很可能会由阻力成产生助力。

(4) 对立的协调

在对立的形势下，往往不期而然的发生协调；因而在交流中协调，在牵制中有对立。在紧张的对立形势下，对这种对立的形势，心理上容易由坚转疲，由主动的选择转化为被动的选择。

(5) 先谈同意事

与人谈论，别开始讨论你们所不同意的事。开始先着重——并继续着重——你们所同意的事。继续着重——如果可能——你们双方都在追求同一的目的，而你们的唯一的差别，是在方法，不是在目的上。

清华大学 领导力培调项目网 　　CCEO-A3-B3-12 　　*Copyrights 2008 In U.S.A/China by Victor*

第三章：工作观 Work Vision
第三讲：理事无碍 Judgment Stage（证成次第） 15、整合作业

(6) 迅速而妥当

不论应付或发动任何事件，第一要迅速；第二要妥当。果能见机明，下手快，即使方式错误，尚可因利乘便，如因循姑息，坐失时机，虽有良策，亦无补难距。迅速和妥当的大敌，第一是昏庸，第二是因循，第三是敷衍，敷衍是虽能应付或利用时机，而无法精密确当。

(7) 妥协的选择

有效的经营者他们知道最困难的决定是在正确的妥协与错误的妥协之间的选择，所以以要学会判别这两种妥协的不同。他们又知道决定的过程中最花时间的阶段并不是做决定本身，而是将所做的决定付诸实施的阶段。

(8) 多准备代案

如果在做决定的过程中，能够彻底考虑各种代案的话，即使退下来也有可以做为依据的地方，也就是有经过充分检讨、研究并了解过的代案当做自己的依靠。但若是没有这种代案，那么在发现所做的决定行不通时，恐怕会非常着急甚至感到绝望。

(9) 计划评核法

关于新技术强迫我们从适应转到决定的一个好例子，计划评核法或拔突法，拔突法是以有效控制此计划为其目标；而在事前妥善计划工作的各部分、顺序以及各部份工作之最后期限，以便配合全体计划之如期完成。此手法的采用可显著减少当场临时的适应，但必须要求做到风险很大的决定。

(10) 到现场亲证

艾森豪就任总统时，前任杜鲁门曾说：「可怜的艾克，当他是军人时，他一下命令就有人去执行。现在不是那么简单。他在那个宽大的办公室可以发出命令，可恨的是不发生任何事。」亲到现场，亲眼证实是唯一可信赖的回报。

中华国学再造领导力
企业家高级研修班 讲义

CHAN OF CEO

企 业 禅

第三章

工 作 观

第四讲 事事无碍

编讲人：强梵畅
Edited by Victor Chiang
中国北京大学宗教学系 兼任研究员
Research Fellow
Department of Religious Studies
Peking University, Beijing, China

清华大学领导力培训项目网
Tsinghua University Training of Leadership

CCEO-A3-B4-01

第三章 工作观 总纲目

第一讲 理无碍	第二讲 事无碍	第三讲 理事无碍	第四讲 事事无碍
⬇	⬇	⬇	⬇
守时态度	乐观心态	参谋作业	销售工作
守法态度	进取心态	策划作业	管理工作
守业态度	协助心态	主办作业	服务工作
守钱态度	合作心态	检讨作业	研究工作
守安态度	共享决策	整合作业	公共工作

◆ **_16、销售工作_**

（1）创新的开发（2）创新的奥运（3）革新的精神

（4）开发新市场（5）要强调优点（6）要心安理得

（7）明确的目标（8）营销的组合

（9）垃圾变黄金（10）对问题思考

◆ **_17、管理工作_**

（1）现实的环境（2）无阶级管理（3）主动去沟通

（4）检管的制度（5）训练作判断（6）商议的方式

（7）活用人长处（8）卡内基用人

（9）平凡臭皮匠（10）人事是赌博

◆ **_18、服务工作_**

（1）服务当老板（2）售后的服务（3）为他人服务

（4）想顾客立场（5）注意听顾客（6）顾客不会错

（7）顾客的需要（8）找自我角色

（9）顾客被尊重（10）人际的关系

◆ **_19、研究工作_**

（1）新知的资讯（2）集体的创作（3）团队的精神

（4）事实的寻求（5）创新的成果（6）要离开干扰

（7）创意的研究（8）挑战想像力

（9）新创之审查（10）创新而弃旧

◆ **_20、公共工作_**

（1）政府助企业（2）小镇的胆识（3）激发群众力

（4）善听群众言（5）不能用辩论（6）寓言太阳风

（7）转嫁人意念（8）不感情用事

（9）要把握时效（10）公私要分明

第三章 工作观

第四讲 事事事无碍

第三章：工作观 Work Vision
第四讲：事事无碍 Successful Stage（圆满次第） **16、销售工作**

(1) 创新的开发

香港「诚德电讯集团」的董事长的成功之道便在于每每在关键时刻他都能找到新的产业进行开发。这种洞烛先机的观察能力和实践使得他每次都能「巧妙进入市场，并快速离开市场」，所以可以依靠创新获得先机与利润。

(2) 创新的奥运

因举办一九八四年洛杉矶奥运会而闻名世界的美国人尤伯罗斯开创民间办奥运会的先例并且一举获利二点五亿美元。他采用了出卖火炬接力权的创新做法使得组委会获得了超出世人想像的收入。从此开创了民间举办奥运会可以营利的先锋。

(3) 革新的精神

美国有一些经营状况非常好但却鲜为人知的公司，行销专家霍尔曼曾研究了五百家这样的公司，有一些共同的特征，其中之一就是「极富革新精神」。西门子公司平均每一百名员工约有十项专利。如此便可以想像这些公司是如何地具有创新精神。

(4) 开发新市场

世界级富豪保罗·盖帝的经营之道其中之一就是：「必须不断地寻找新的方法，来改良产品及服务，增加生产、销售和达到成功」。另外是：「还定要不断寻找新的或未开发的市场」。

(5) 要强调优点

任何一个公司都有它的优点和缺点，但不停地张扬它的缺点是无济于事的。强调它的优点，避免它的缺点，这样才能鼓起工作中的士气。

(6) 要心安理得

一位叫路易的英国商人，他满不在乎地承认，他的动机是「纯粹为了图利。」他说：「有一次我到国外渡假时，遇到了一名美国传教寸，他使我了解到，虽然我的生活获利甚高，但却是空虚的，我现在清醒了。所以，我卖了那些风月场所，并向税务当局据实报告我的收入。」所以，他开始强调「心安理得」的重要性。

(7) 明确的目标

一个人若想走上成功之路，首先必须有明确的目标。目标一经确立之后，就要心无旁骛，集中全部精力，勇往直进。

(8) 营销的组合

目前市场营销即首先分清众多细分市场之间的差别，并从中选择一个或几个细分市场，针对这几个细分市场开发产品并制定营销组合。

(9) 垃圾变黄金

不怕口袋空空，只怕脑袋空空。只要肯动脑筋，垃圾也能变成黄金。

(10) 对问题思考

在全世界IBM管理人员的桌上，都摆着一块金属板，上面写着 "Think"（想）。是IBM创始人华特森（Thomas J•watson）创造的。华特森一大早就主持了一项销售会议。会议一直进行到下午，气氛沉闷，无人发言，大家逐渐显得焦躁不安。突然，华特森在黑板上写了一个很大的 "Think"，然后对大家说："我们共同缺的是，对每一个问题充分地去思考，别忘了，我们都是靠脑筋赚得薪水的。"从此地，"Think"成为了华特森和公司的座右铭。

第三章：工作观 Work Vision

第四讲：事事无碍 Successful Stage（圆满次第）   17、管理工作

(1) 现实的环境

经营者所处的环境，一面要求做事须有效果，一面又使他们很难有效果，「自己先力求有效，否则环境必使他们不能有效果」。

(2) 无阶级管理

总裁之下，各部门主管都能直接交通，不必经过层层关卡，公司行文简单明了，不必「公文」化。如果员工有任何新构想，不必有任何「阶级」观念，公司绝对信任员工对工作上之能力。

(3) 主动去沟通

西南航空克里赫先生为了加强与所有员工之沟通，上至飞行员下至清洁工，每月都定期以「通讯」或「个人私函」进行联系，所有公司主管每三个月定期前往飞机场、机舱及不同办公室去「实习」，主要是体认员工工作之真实状况，以做决策时之参考。

(4) 检管的制度

大型上市公司董事会应该由一些「技术专业」组成，他们可以直接以专业知识监督管理阶层，董事会可以就法律、技术及管理方法与公司主管直接交流，而不会使董事会流于形式。

(5) 训练作判断

业务管理者能越早学习如何在各种风险与不可靠的情况下，凭真正的判断来做决定，我们就越能早日克服大规模组织体的一种根本缺陷，即做决定的高级经营者缺乏训练与考核手段的问题。只要我们在业务执行阶层，对经营上的各种情况不做彻底考虑而只做适应，或者不依靠知识或分析而只靠感觉来处理。

(6) 商议的方式

威尔逊说：让我们坐下一起商议，如果我们意见不同，我们要了解为什么意见彼此不同，争执之点是什么。我们不久就可看出，我们到底并不相距很远，我们所不同意的地方很少，同意的地方很多，只要我们有接近的忍耐，诚意及欲望，我们就可接近。

(7) 活用人长处

为了要获得成果，我们必须充分活用我们所能加以利用的一切长处，即同事的长处、上司的长处及我们自己的长处。组织未必能克服我们每人天生的许多缺点，惟可以尽量减少这些缺点的影响。

(8) 卡内基用人

卡乃基为他自己墓碑所撰写的下面的词句。这碑文是：「知道如何使比他自己更优秀的人来为他工作的人，永眠於此。」这些人之所以比他更优秀，不外乎是卡乃基找出他们的长处，使那些长处有所发挥。

(9) 平凡臭皮匠

有效的经营者绝不会以为两个臭皮匠抵得上一个诸葛亮。原则上两个平凡的人是达不到一个平凡的人所能达成的成果。他们仅成为彼此的障碍。他们不是关切广泛「有用的人」，他们所关切的是对于某一工作「有用的人」。为了执行某一个工作，他们一定会找出关于那个工作有特长的人，而把优秀人才加以任命。

(10) 人事是赌博

马歇尔知道一切人事上的决定是一种赌博。但如果根据一个人能做什么的原则去考虑的话，可以使这种赌博成为比较合理的赌博。主管对组织负有活用其每一个部属的长处的责任。主管对部属们负有更大责任，必须帮助其部属使他们能发挥其长处到极点。

CCEO-A3-B4-07

第三章：工作观 Work Vision

第四讲：事事无碍 Successful Stage（圆满次第） 18、服务工作

(1) 服务当老板

根据美国经济统计局发表的统计数字显示：服务业占国内生产总值约百分之二十以上，从家庭清洁到婴儿照料，庭院整理，洗车等行业，由于经济不断成长，服务业已经成为经济活动中成长最快速的行业，对于有志创业者，专家们提供一些「每个人都可以成为老板」的资讯。

(2) 售后的服务

泰柯公司对于其公司的产品，有非常好的售后服务，他在世界各地设有全天候的服务中心，其售后服务之收入，占其总收入的百分之二十以上。

(3) 为他人服务

杨欧文曾说：「能设身于他人境地的人，能了解他们心理活动的人不必顾虑前途的怎样。」

(4) 想顾客立场

关于成功的商业交往，没有什么神秘……专心注意对你讲话的人，是极重要。没有别的东西是像那个那样使人开心的。静听是我们对任何人一种最高的恭维。

(5) 注意听顾客

吴顿：「第一个售货员责疑我的诚实，第二个暗示我买了件次等货。我怒恼起来，正要骂他们，突然间部长踱了过来，他懂得他的职务,他将我的态度完全改变了，他将一个怒恼的人，变成一位满意的顾客。始终挑剔的人，甚至最激烈的批评者，常在一个忍耐、同情的静听者面前软化降服」

(6) 顾客不会错

当这人侮辱我，对我摇拳，告诉我我不懂我的业务，我用了我所有的自制力，使我不争论辩护。那需要許多自制力，但是值得的。假如我告诉他他是错误的，并开始辩论，或将发生诉讼，恶感，经济损失，及一个贵重顾客的丧失。是的，我深信告诉一个人他是错误的，是不值得的。

(7) 顾客的需要

专业的人们也犯同样的错误，一位著名鼻喉专家在他还没有看我的扁桃腺以前，他问我的职业是什么。他不注意我的扁桃腺的大小，他注意我的钱袋的大小。他最关心的不是他能帮我多少忙，他最关心的是能从我得到多少钱。结果是他什么也没有得到，我走出他的诊室，轻视他品格的缺少。

(8) 找自我角色

席薇亚：「只有等到我知道自己真正想要什么，才能开始掌握我的生命。」她发展意志力，帮助自己控制散漫的欲望，并找到比较能满足自我的角色。

(9) 顾客被尊重

即使最有涵的人，也不喜欢指出他做错了事。先进行表扬，让他知道顾客是被尊重的，他就会诚心接受批评，否则，他就会憋一肚子怨气。

(10) 人际的关系

人际关系是最令人头疼的事。今天的问题解决了，明天又产生新的问题，而且类似的问题过几个月后还会出现。这就是服务者天天所面临的问题。

CCEO-A3-B4-09

Copyrights 2008 In U.S.A/China by Victor

（1）新知的资讯

美國政府最近已拨款五亿美元改善各级学校的电脑设备，并希望将来把学校、图书馆及医院皆纳入资讯网络之中，透过网页刊出有关科技新知，所有学校可立即取得。

（2）集体的创作

诸多企业以往皆有分散经营的现象，分公司或不同生产之项目，各自设有自己的研发部门，一些高层主管认为，他们受到预算和公司利润的压力，对于科技研发无暇顾到。

（3）团队的精神

日本就采取不同的做法，研发单位是统一设置。发展企业之优势，寻找新的研发项目，是需要团队精神，而不是各自为政，它需要协调各类产品生产之技术。共同思考未来发展方向。

（4）事实的寻求

我有一次访问施丹范生，著名的探险家、科学家，曾在北极圈一带居住了十一年。他告诉我他所做的某一个试验，我问他要借此证明什么？我永远忘不了他的回答。他说：「一个科学家永不要证明什么，他只要尽力寻求事实」。

（5）创新的成果

要获得一项创新的成果，或积穷年累月之功，或经过无数次失败，所投下的心力、财力都很可观。但既成功之后，便稀松平淡，不足为奇。而利之所在，抄袭仿效，掠美贪功，随之而起。创新者付出代价，却给别人去坐享。谁又愿意再去抛心力、花工夫？

(6) 要离开干扰

设计真空清扫器兼制造者的亚立克李维德是利用午餐时间设计新机械的，他时常在他的个人房间里独自一人吃午餐，其间拒绝人家访问和接听电话，在心身很安定的气氛下，离开了一切的打扰，用客观态度去考虑一切事物，产生了名设计。

(7) 创意的研究

美国克林登玻璃专业公司总经理杰尼尔，他每天都坚持要听一个小时的研究创意的报告。这种强烈的创新欲望，因此该公司的新产品层出不穷，杰尼尔也自豪地说：「克林登不断地创造范围广大的新产品，但不论举出其中任何一种新产品，我们都不能明确地称其是本公司的代表产品，因为我们的新产品永远仍在研制当中。」

(8) 挑战想像力

一个人必须有想像力，从不同的新方式去感受并了解事情。无论如何，想像力必须给予挑战、刺激，否则就会潜伏以至不堪使用。我们知道要是在进行急诊时，能够有条有理，周详考虑，并以资料证实的话，那么，争论便是对想像力特别有效的刺激素。

(9) 计划之审查

一九六五——一九六六年间，詹森总统下令所有政府机构及计划都要采用「计划之审查」。所有的计划都会很快地丧失它的有用性。

(10) 创新而弃旧

杜邦公司所以能够比其他世界性的大化学公司有更好业绩，主要原因是对一种产品或生产方法，在其未衰退之前就予以废弃。

第三章：工作观 Work Vision
第四讲：事事无碍 Successful Stage（圆满次第） 20、公共工作

(1) 政府助企业

为了服务全美从事外销贸易的人士，美国政府商务部在全美一百个城市设有出口商品服务中心，此中心系联合小商业局，进出口银行及国际开发总署而组成，更对出口商提供「马上办服务」，其中包括如何把自己的产品销售到何处？该地区之关税、运输问题，最重要的一项是「贷款」「融资」，可以帮助出口商人解决燃眉之急。

(2) 小镇的胆识

在美国威斯康辛州中心，人口只有二千八百人的小镇——瓦特鲁，由于有贸易全球化的胆识和行动，该小镇在1996年度就向世界各国出口超过二千多万美金，其中主要的是高品质的脚踏车。

(3) 激发群众力

「我认为我的在人群中能激发热力的能力，」斯瓦伯说，「是我具有的最大资源，而充分发展一个人的才能的方法就是用赞赏和鼓励。」「世界上最易抹杀一个人的志向的就是他上司的批评。我向来不批评任何人，我相信给人以工作的激励。所以我急于称赞，迟于寻错。」

(4) 善听群众言

如果你希望成为一个善于谈话的人，要做一个注意静听的人。如李夫人说的：「要使人对你感觉兴趣，先使人感觉兴趣。」不要忘记在与你谈话的人，对他自己，他的需要，他的问题，比对你及你的问题要感觉兴趣到一百倍。

(5) 不能用辩论

麦柯杜是威尔逊总统任内的财政总长，他说他由多年的政治经验中得到一种教训：「不能用辩论击败一个无知的人。」在你进行辩论的时候，你或许是对的，死对的；但在改变对方的思想上说来，你将大概毫无所得，一如你错了一样。

(6) 寓言太阳风

关于太阳与风的寓言，风说：「我可证明我是的，看见那边穿大衣的老人吗？我打赌我可使他脱去他的大衣比你所能的更快。」最后，风沉静下去，放弃了：然后太阳自云后出来，对老人和善的微笑。瞬息间，他擦他的前额，脱下了他的大衣。然后太阳告诉风说，温柔友善永远比愤怒武力更强。

(7) 转嫁人意念

「我认识了总统以后，」郝斯说，「我研究出来，使他信从一种意念的最后方法，是将这意念偶然的栽植在他心中，但要这样的使他发生兴趣——这样的使他自动的加以思索。我曾到白宫拜访他，劝他采取一种政策，而这种政策他似乎不大赞成。但数日后在聚餐的时候，我很惊讶的听他说出我的提议，作为他自己的。」

(8) 不感情用事

即若干问题的发生，或本来是无关宏旨的事竟至酿成轩然大波，其主要的因素，多由于当事人的感情用事。它使我们无法保持冷静而客观的思考，因而得不到结论，以致影响到相随俱来的行动。

(9) 要把握时效

确实把握时效，不但是竞选的重要课题，并且是竞选中处理各种情势与问题的指针，在正确的支配下，去处理竞选的各种问题，与适应竞选的各种形势，方能收到适时、适效、适所的功效。

(10) 公私要分明

有的公忠为国，清正廉明。公忠为国，把国家利益、公共利益放在个人利益之上，秉公执法，顾全大局，反对徇私枉法和以权谋私，不以私情害公利，是传统道德中的一个优秀部分；廉洁奉公，反贪拒贪拒贿是它的具体表现。自古以来，中国有为的政治家就提倡，为官当政要立公去私，认为是公还是私，这"公私之交"是"存亡之本"。

清华大学

中华国学再造领导力
企业家高级研修班 讲义

CHAN OF CEO

企 业 禅

第四章

创业 观

第一讲 理无碍

编讲人：强梵畅

Edited by Victor Chiang

中国北京大学宗教学系 兼任研究员

Research Fellow
Department of Religious Studies
Peking University, Beijing, China

第四章 创业观 总纲目

第一讲
理无碍

第二讲
事无碍

第三讲
理事无碍

第四讲
事事无碍

创业条件	经营理念	企业品牌	市场策略
创业时机	经营关系	企业信誉	市场竞争
创业方式	经营方式	企业文化	市场危机
创业理想	经营管理	企业道德	市场兼并
创业风险	经营决策	企业成败	市场调查

第四章 创业观 第

◆ **1、创业条件**

（1）人为的条件（2）事业的条件（3）时机的条件（4）地方的条件（5）物品的条件（6）技术的条件（7）资金的条件（8）合伙的条件

（9）劳工的条件（10）法律的条件

◆ **2、创业时机**

（1）现在的时机（2）永续的时机（3）创新的时机

（4）潮流的时机（5）日常的时机（6）环保的时机

（7）网络的时机（8）病灾的时机

（9）突发的时机（10）炒作的时机

◆ **3、创业方式**

（1）电子新闻报（2）网上购物业（3）美国上线网

（4）运用新科技（5）用电脑经营（6）养猪新软件（7）网购并送货（8）网上送玩具

（9）美银现金卡（10）联盟对独斗

◆ **4、创业理想**

（1）创业与冒险（2）发展或凋谢（3）目标要明确

（4）可做与要做（5）远见是中心（6）找联盟对象（7）一人一号码（8）电脑的世界

（9）泰纳之理想（10）企业三条件

◆ **5、创业风险**

（1）多角化经营（2）点咖啡成金（3）寻求早上市（4）投资要正确（5）现金之作用（6）购回低股票（7）中小型企业（8）竞争无胜者

（9）盈亏要自负（10）精英式企业

第四章：创业观 Business Vision
第一讲：理无碍 Theory Stage（学习次第）　　**1、创业条件**

（1）人为的条件

创业人的本身素质、条件、能力、经验、耐力、创意等决定了一个企业的成败。俗谓"事在人为"，企业为主管，必须是专业的精英。

（2）事业的条件

全球白手起家的私企占全球产业的大多数，美国的中小企业超过50%，私企最大的特征就是市场化，必须在竞争中求生存，而且自负盈亏。创业是条不归路，起伏是必然是，成败是偶然。

（3）时机的条件

创业的时机是为"天时"，任何行为及产品，均有其致胜的时机及因素，古今中外太多的例子，创业人一定要养成洞察时机的机警，才能适时，掌握先机。世人总喜"跟风"，又乱炒作，打了就跑的投机心态是成不了气候的。

（4）地方的条件

企业的地方，是为"地利"，中国人有"靠山吃山，靠海吃海"的俗语，表明一定要利用各个地方的地理条件，去规划并创造出新的天地。美国拉斯维加斯、加州棕枯泉都是在沙漠中建起的"赌城"及"高尔夫王国"。

（5）物品的条件

中国俗语："天生万物必有用。"世间上的任何东西均能在人的开发、创造、包装下变成有价值的商品。食衣住行富乐的生活必需更是不断推陈出新，最平凡的东西、物品，每年还都有新产品问世，可见人们的智慧是多么的有创意。

第四章：创业观 Business Vision
第一讲：理无碍 Theory Stage（学习次第）　**1**、创业条件

(6) 技术的条件

　　NEC主管："从投资者立场来看，利用技术是最快最便宜的方法，不需要我们再去发展新的计划。"

(7) 资金的条件

　　企业的融资能力，种子资金（Seed Money）或小本生意，或找创投基金，风险基金，均各有利弊。美国微软公司当初创业找通用（GE）财团，贷款20万还被拒，雅虎也是费了好多力才说服创投资金，今天已是世界大企业。

(8) 合伙的条件

　　新一代的企业，白手起家的创业者，多半有几位志同道合的死党一起同甘共苦，如雅虎，ebay，微软等，很少是靠关系创业，所以，创业时，找到志同道合的朋友一起打天下是件很重要的事。女人的爱情，男人的事业，多半有些机缘的。

(9) 劳工的条件

　　虽然许多企业当初起家，并不需要太多的员工；但一旦成长后，劳工的条件是企业成败重要因素。劳工的素质、忠贞、待遇均是很重要。美欧企业，习惯对外用"代工"（OEM）的方式，对内用独立分销（Distribution)方式，把劳工成本计算在一定的范围内，能增加利润及竞争力。

(10) 法律的条件

　　全世界都有严格的商业法规，劳工法规等，创业的人首先必须确实明白一切的相关法规；尤其是跨国或对外的企业，不但要明白自己国家的法规，更应把对方法规弄清才行。

第四章：创业观 Business Vision
第一讲：理无碍 Theory Stage（学习次第）**2、创业时机**

(1) 现在的时机

时代的巨轮是不断前进的，美国有句名言："永远不迟"（Never too late)。有次我在北京坐计程车，司机说一直想上大学，等了几年，我建议他，明天就去夜校报名上课。任何事最好的开始就是当下行动。不能永远在起跑点上等待。美国名歌星唱"现在或永无"（It's now or never）

(2) 永续的时机

创业的时机，许多是应时而起的，企业的成败，是能否把短时的时机，变成长期的永续发展。企业的手段可以是弹性的，短暂的；但是企业的生命是长期的永续的。

(3) 创新的时机

"化粪土为黄金"，中国新富张茵女士就是以出口"废物"（废纸、废铜铁等）起家，累积亿万家财。世界上有许多物质，因过时而沦为"废物"，但是如果加以创新，就有了新的生命与价值。所以世间无常，"黄金成粪土，粪土也成黄金。"加州一位华人养鸡，结果把鸡粪转成有机土，种花种菜，大赚其钱。

(4) 潮流的时机

年青人的市场是个赶时髦的市场，每年全球服装设计师就绞尽脑汁创造一些新的潮流，让年青人消费，过时的东西很快被淘汰。所以每人家中，都有大量的过时的衣物、鞋子；如此的潮流，实在是地球资源的浪费，但企业的生存，就是依赖人们的浪费与消耗。

(5) 日常的时机

儿童及老年人的市场，是个日常的市场，是生活必须，保健必需的，走的是实用主义的价值观，随时随处，都可以看到这些的产品及宣传，所以随时随地也就是创业的时机。

清華大學 领导力培训项目网

(6) 环保的时机

环保是全球的问题，中国不太重视环保，造成自然资源的严重破坏，将来补救的代价要远远超过污染的利益。所以，任何可以取代污染，而又保护自然资源的行业，今后均会有长足的市场及潜力。（杜邦公司新产品）

(7) 网络的时机

网络的运用不断推陈出新，全球的年青人都离不开网络，许多的企业、生活等都在向网络时代迈进。所以，尽快赶上时代，创造新产品，不要老是在"盗版""偷窃"的思维里。要有"取而代之"的雄心，才有大企业的成果。

(8) 病灾的时机

现代生物化学，基因研究，干细胞研究，对于人类的病害，带来了福音。但现代医学对于传染病灾，还是无法应付，前几年一个SARS病弄得人心惶惶；新医不断发明，新病菌却也不断基因转变，实在是一个人类的危机。

(9) 突发的时机

全球气候暖化的结果，造成全球各种突发的天然灾害、水灾、雪灾、风灾、火灾、地震等，随时都会发生。而且北极冰溶后，对全球的生态、地理、人居、环境都会造成很大的威胁，平时储备战粮用品很重要。

(10) 炒作的时机

"天下本无事"，但政客、奸商、军火商、石油商只要一勾结、炒作，全球的百姓就受很大影响。最近美国炒作黄金，炒作大豆粮食，石油等，造成全球经济危机，甚至粮价被炒作，造成全球的粮荒。加上强权国动不动就用武，也是全球的危机，但危机就是时机。

第四章：创业观 Business Vision
第一讲：理无碍 Theory Stage（学习次第） **3**、创业方式

(1) 电子新闻报
「全世界的报业在网络上设立电子报，透过网络与读者加强联系，这也是下世纪资改革的方向。」

(2) 网上购物业
「越来越多的读者及用户已经逐渐熟悉在网络上购买新产品，这项产品涵盖机位、旅馆、服饰、用品、游戏。」

(3) 美国上线网
「美国上线服务公司是集娱乐、新闻、通讯于一身的大拼盘，许多非通讯、新闻或娱乐公司在从事这项前所未有之服务。」

(4) 运用新科技
「许多富豪并非以经营或发明电脑软硬件而发财，不少的大富翁是以先进的电脑科技经营养猪、收账、木材工厂而致富。」

(5) 用电脑经营
「未来在高科技的领域中，不再是出售或发明电脑晶片来赚钱，而是如何应用电脑软件来经营各行各业，以减低成本提高利润来开拓企业之领域。」

第四章：创业观 Business Vision
第一讲：理无碍 Theory Stage（学习次第）**3**、创业方式

(6) 养猪新软件

「美养猪商人穆非先生，将其养猪经验，透过程序变成电脑软件，以科学方法来控制猪栏中的温度、繁殖、饮料分配、配种时段，使养猪业的生产提高了 50%。」

(7) 网购并送货

「把大型货品，诸如冰箱、家俱、电视机等陈列在网络上，顾客可以在家中选购所需物品，而且送货到家，网络是场地限制最好的解决办法。」

(8) 网上送玩具

「Toys R Us 在1996年利润下降时，将产品转上网络，凡是在其网页内选购玩具，可找寻到过去多年的玩具种类，只要以信用卡付帐，隔天即能收到。」

(9) 美银现金卡

「美国银行为客户发放一种现金卡，利用此卡在预设有电脑磁带的任何拍卖机上购物，卡用完后，可以通过网络到自己银行户头中再把钱输入。」

(10) 联盟对独斗

「企业不论大小，都有联盟之必要，单打单斗已过时。大家循着市场所发出的信号，共同努力才不会被淘汰出局。」

清华大学 领导力培训项目网　　　CCEO-A4-B1-09　　　Copyrights 2008 In U.S.A/China by Victor China

第四章：创业观 Business Vision
第一讲：理无碍 Theory Stage（学习次第） 4、创业理想

(1) 创业与冒险

「美国是一个世界移民的大熔炉，大家都有一股勇于创业与冒险精神，细数今天千万成功的企业家，90％以上是靠自己力量而白手起家。」

(2) 发展或凋谢

「电脑科技就是静态的，如何结合科技则需要人脑之智慧，美国企业界有一句俗语说：不发展，就凋谢（YOU GROW OR DIE）」

(3) 目标要明确

「一银史蒂文森认为，任何大小企业包括金融服务，必须明确订定自己的目标，组织架构(Structure)，价值观(Value)，及战略(Strategies)才能把事业做好做大。」

(4) 可做与要做

「经济学者安杜尔是企业策略研究的先驱，在其著作《企业策略之观念》一书中，把策略一词定位为：可做（CAN DO）及要做（MIGHT DO）两大类。」

(5) 远见是中心

「远见是企业经营策略中最主要的中心项目，凡是有远见的企业家，他的成功机率相对增加。如福特要让美国每一家庭都拥有汽车，苹果电脑希望每一家庭都有电脑，微软希望每一台电脑都装上他的软件，这些远见或口号，往往成为大家共同努力目标」

第四章：创业观 Business Vision

第一讲：理无碍 Theory Stage（学习次第） **4**、创业理想

(6) 找联盟对象

「联盟关系必须建立双方互信，互赖的基础上，大家都能持续精益求精，并且在经销品管及其他事务上取得共识。如摩托罗拉找上天美钟表公司联盟。」

(7) 一人一号码

「在电脑及数位网络协助下，可以实现一人一号码的理想，出门时只要带一具轻便之电话，利用电脑网络就可与世界上任何角落连结在一起。」

(8) 电脑的世界

「一根如头发粗之光纤，每秒可以传送数十本厚之图书文件，这些天罗地网的电缆设备到 2010年，将把所有家庭及公司行号紧密地连在一起，使世界变得无限宽广」

(9) 泰纳之理想

「泰纳有线电视公司以新闻为主题与其他三家电视台竞争，成为全球新闻之盟主。近年来，CNN把各大电视公司最优秀的人才罗致旗下，在100多国家的旅社、公司行号、住宅及政府机构，到处都见得到CNN的新闻，而且真正做到立即现场直播。」

(10) 创业三条件

为了创造价值（VALUE），企业不论大小必须具备有三个条件，其中包括市场之需要（DEMAND），产品必须有市场，符合大家之需要。稀有独特性（SCARCITY），必须与众不同，如果是没有什么"独特"之产品，无法引起消费者之兴趣。另外就是必须可以流通应彫（APPROPRIABILITY）。

第四章：创业观 Business Vision
第一讲：理无碍 Theory Stage（学习次第） **5、创业风险**

(1) 多角化经营

「对于一些小商业经营者而言，除了主营外，还可多角经营。多角经营之冒险性，如果是一些不协调的行业，会产生许多后遗症，有时会因不务正业，而拖累主营业。」

(2) 点咖啡成金

「星巴克咖啡已经布满在全美大小城市及世界各地。想到那些超级连锁加盟店成功的故事，只要你有好的构想，在商业天地里，往往就可能点石成金。」

(3) 寻求早上市

「资本主义国家，许多产品都是透过大型企业进入市场，这些企业多半都是上市公司，投资者来自一般大众，股东才是真正的大老板。」

(4) 投资要正确

「万豪公司在世界各地选择最佳之地点来盖旅馆，盖成之后立即找有兴趣的投资人成为股东，仍然持有大部分股权，并断续长期经营该旅馆，保证与投资者共进退。」

(5) 现金之作用

「由于旅馆及餐馆事业有大量的现金收入，公司利用这些比银行利率低的现金，从事一些非常稳当之投资，例如债券、公债等，为股票投资者增加许多价值。这种做法使现金发挥极大的作用。」

第四章：创业观 Business Vision
第一讲：理无碍 Theory Stage（学习次第） 5、创业风险

(6) 购回低股票

「万豪公司保证会从投资者的手上收购股票，即便是公司股票价值滑落。假如公司股票有市场上跌落到票面价格之下，公司将保证购回投资者愿意抛售之部分。」

(7) 中小型企业

「哈佛课程，已经逐渐在转向研究较多之中小企业，这些企业才是社会之基础，企业太庞大，当经营发生困难时，影响社会甚巨。」

(8) 竞争无胜者

「策略专家麦可斯认为，市场竞争永远没有胜利者，但是却有许多失败者，当同行之间竞争时，能把错误减低至最少的一方，就能生存，为了生存，所有企业必须不断改进，改进再改进。」

(9) 盈亏要自负

"新航创立以来，新加坡政府虽占过半股份，但由始至终就是以盈亏自负方式交由民间经营，其获利排列世界第一名，所以公司不在大小，而在是否赚钱。"

(10) 精英式企业

企业本身不在于大，而在于精，小而精之企业，才能稳住阵脚，适于应变。

Thldl
领导力培训专家

清華大学

中华国学再造领导力
企业家高级研修班 讲义

CHAN OF CEO

企 业 禅

第四章

创 业 观

第二讲 事无碍

编讲人：强梵暢
Edited by Victor Chiang
中国北京大学宗教学系 兼任研究员
Research Fellow
Department of Religious Studies
Peking University, Beijing, China

第四章 创业观 总纲目

第一讲 理无碍	第二讲 事无碍	第三讲 理事无碍	第四讲 事事无碍
创业条件	经营理念	企业品牌	市场策略
创业时机	经营关系	企业信誉	市场竞争
创业方式	经营方式	企业文化	市场危机
创业理想	经营管理	企业道德	市场兼并
创业风险	经营决策	企业成败	市场调查

第四章 创业观

笔 无 碍

☐ *6、经营理念*

（1）主管的责任（2）客户的至上（3）利润的分享（4）人性的沟通（5）人才的培养（6）切实的问题（7）上市的功能（8）精简的管理

（9）员工的福利（10）属下的发挥

☐ *7、经营关系*

（1）内外的作用（2）内部的关系（3）顾客的关系（4）服务零售商（5）经营者类型（6）各扮演角色（7）客户的关系（8）员工的关系

（9）同行的关系（10）政府的关系

☐ *8、经营方式*

（1）必先利其器（2）发挥其所长（3）用经营顾问（4）携手与并进（5）电脑来控制（6）网络上开会（7）自治的方式（8）官僚的体系

（9）动员的力量（10）邮购及直销

☐ *9、经营管理*

（1）实现高效果（2）改现实环境（3）须集中精力（4）成事的才能（5）经营的习惯（6）理论与实践（7）管理新观念（8）小而美管理

（9）人才的运用（10）用电脑管理

☐ *10、经营决策*

（1）注意质变化（2）小公司精神（3）能源一元化（4）以服务取胜（5）作业电脑化（6）汉堡与厕所（7）全面性决策（8）顺应新潮流

（9）对付新挑战（10）汰旧而推新

清华大学 领导力培训项目网
CCEO-A4-B2-03
Copyrights 2007 In U.S.A/China by Victor China

第四章：创业观 Business Vision
第二讲：事无碍 Practical Stage（实践次第） 6、经营理念

（1） 主管的责任
「企业主管百分之九上以上都是在问问题，如何从这些复杂的公司组织中，掌握最新的发展方向，才是一个企业主管最重要的责任。」

（2） 客户的至上
「客户至上，由客户来决定公司服务项目或经营策略，唯有掌握客户之脉动，公司才能生存下去。」

（3） 利润的分享
「留住能干忠诚之员工，必须有完善的福利与股票分享制度，否则人才被人挖走，公司只是一个训练班，为人训练人才。」

（4） 人性的沟通
「科技是呆板的，员工是灵活的，公司主管必须时常与员工接触，了解他们内心之想法。」

（5） 人才的配养
「现代管理学之父彼德迪拉克所说：企业同时也是训练和培养人才之机构。企业管理最重要一环就是如何激发员工服务热忱，提高生产力而能使公司创造利润。」

清华大学 领导力培训项目网　　　CCEO-A4-B2-04　　　Copyrights 2008 In U.S.A/China by Victor Chiang

(6) 切实的问题

哈佛教授蒙高马利：「90％以上的管理经理，其工作就是要问有用而切实的问题，答案也不难找到，但是要问贴切的好问题，就不是那么简单了。」

(7) 上市的功能

「上市公司之功能，它必须对股东保持紧密连系，向政府证券委员会提出财务及税务的详细报告，为公司筹措资金，面对法律问题之解决方法。」

(8) 精简的管理

「旦勒先生入主后，首先大量裁员，所有开支控制在一定预算之内，他觉得这些人力及物力的浪费，是造成公司不赚钱的主要原因；同时，人才是公司是否赚钱的另一主要原因。他不惜高薪挖脚，对那些不适任的人员也要尽快裁掉。」

(9) 员工的福利

「IBM公司对员工福利非常重视，有良好的医药保险退休金计划，且让员工认股。」

(10) 属下的发挥

百事可乐总裁（1963年）：「如果您在一生事业中，没有犯错，那等于您没有尝试任何有价值之事物。」他的管理哲学是：由属下尽量发挥。

第四章：创业观 Business Vision

第二讲：事无碍 Practical Stage（实践次第）　7、经营关系

（1）内外的作用

　　「企业内部，只有努力中心。」　「组织内部产生的，只是努力与费用。」　「但通常顾客还是握有最后的决定权及有效的否决权。」

（2）内部的关系

　　「经营者经常到处接触到有关组织内部的关系及交涉，问题及考验，潮流以及谣言等事情。」

（3）顾客的关系

　　「只有顾客愿意把所有购买力，用来交换企业所生产的产品或服务，才能把企业所化的费用与努力，转变为其收入及利润。」

（4）服务零售商

　　「对大型零售商提供快速价廉物美之服务，每一个生产单元必须满足零售商之要求，百分之九十五的时间有充足之货源，百分之九十五之准确性补给货源。令他无机可乘」

（5）经营者类型

　　「有效经营者中，有人长于论理及分析，也有人主要依赖知觉及直觉力；有比较容易做下决定的人，也有人凡需采取行动时，则必须很大苦恼者。」

第四章：创业观 Business Vision
第二讲：事无碍 Practical Stage（实践次第） 7、经营关系

(6) 各扮演角色

「牛瓦总公司在企业中扮演之角色包括：法律及税务问题，信用货款及财务，电脑等控制事项。各分公司主要之任务就是赚钱。各分公司可以专心于设计、制造生产、市场推销、服务，其他事项皆由总公司来分担。」

(7) 客户的关系

「IBM小瓦森认为：公司与客户关系之好坏关系着公司未来发展前途，他要求所有经理人员必须有良好的沟通技巧，关怀客户，以人性感情来建立彼此关系。」

(8) 员工的关系

「 IBM小瓦森时常到公司各办公室及工厂走动，与工人谈天，并向业务员及客户询问公司服务之情况。他认为，如果您不去询问，很少人会告诉您公司服务之缺失。」

(9) 同行的关系

虽然同行是冤家，但如果有双赢共赢的认识，则同行间可以既竞争又联合，绝对避免恶性杀价，故意中伤，结果一定是同归于尽的。

(10) 政府的关系

某些行业是受政府扶植的，如美国给少数族裔企业的优惠与保障。有些国家企业的成败，与政府的支持度有关，所以，政企的关系，从来就是弄不清的，官商勾结也是普遍的现象，最好保守些，以免反效果。

第四章：创业观 Business Vision
第二讲：事无碍 Practical Stage（实践次第）　8、经营方式

(1) 必先利其器

「工欲善其事，必先利其器。」 「必须透过工作工具的改进，而不是透过人类能力的快速提高，来获得需要的经营成果。」

(2) 发挥其所长

「必须学习建立一种组织，能使在某重要领域具有特长的人，可在实际工作上充分发挥其力量。」

(3) 用经营顾问

「经营顾问除知识的权力以外并无其他任何权力。任何最有效的顾问，为完成任何事情都一定要依靠雇主的组织内的人们。」

(4) 携手与并进

「越来越多的企业由较年轻之一代来掌舵，他们能深深体认到以往那种单打单斗之方式已经行不通，必须与同行携手并进。」

(5) 电脑来控制

「美国汽车旅馆巨富GARY THARLDSON，当他盖汽车旅馆时，用同一大小的床垫，同一品牌的洗尘机，并且以电脑把全国二百四十二家旅馆连线，每年至少节省三百万美元之人工费用。」

(6) 网络上开会

「以传统的方式召开业务会议，要搭飞机、住旅馆、租场地，其花费是非常浩大，如果以网络广播方式只要六分之一的费用，而且效果既快又好。」

(7) 自治的方式

「以自治方式经营事业，如百事可乐公司，在其庞大的事业公司组织中，每一个事业单位都有独自经营的权利，总公司对于属下分公司不会过份介入。但有重复情况。」

(8) 官僚的体系

「以协调方式来经营，其代表是日本企业，集中管理，节省成本，缺点是公司成为官僚体系，经济不景气时，不易裁员、改革。」

(9) 动员的力量

「组织能力是代表企业在管理上所能动员的力量，一家经营良好的企业，必须会有一个完整的组织架构，具备有一快速，高品质及价廉物美的特性。」

(10) 邮购及直销

「邮购直销，对一般中小企业而言是一项既经济而且利润好的经营方法。」

第四章：创业观 Business Vision
第二讲：事无碍 Practical Stage（实践次第）　9、经营管理

（1）实现高效果
「聪明、知识及想象是重要的资源，但只有有效性，才能把资源变为成果 」

（2）改现实环境
「经营者应积极地行动，来改变生活及工作的现实环境，否则只有在应付日常业务里打滚。」

（3）须集中精力
「依赖一些判断标准，在真正重要的事情上集中精力，也就是在贡献与成果上面集中精力。」

（4）成事的才能
「有效的经营者，在他们的气质、才能、工作、性格、知识等等方面，都是千差万别的，他们所共通的只有一点：那就是完成应该做的事情的才能。」

（5）经营的习惯
「有效的经营者唯一共通的是，他们不管是具有怎样的才能或性格，总持有一个习惯，会设法把这才能与性格连结到有效的工作方法上面去。」

第四章：创业观 Business Vision
第二讲：事无碍 Practical Stage（实践次第）　9、经营管理

(6) 理论与实践

「哈佛商学院许多教授都积极参与美国企业的改造工作，纷纷自组或参与许多顾问公司，以理论和实际结合方式向企业家献计，新一代企业主管，常回到教室探求新知」

(7) 管理新观念

「今天美国企业管理阶层之观念已经大大地改变，他们可以接受新的观念来改进企管方式，主要的是能灵活应用资金，不拘于旧式之思考方式。」

(8) 小而美管理

「西南航空是以小而美来傲视航空界。克里赫先生认为，不论您的公司发展到多大，必须以精巧的管理方式，才能立于不败之地。」

(9) 人才的运用

百事可乐之卡罗威：「如果在我任内有任何杰出表现的话，就是人才，人才，人才」我们能把老鹰训练得飞翔一致。」百事可乐的成功，在于对人才之重视及训练。

(10) 用电脑管理

木材商人艾木戴先生，在其工厂中装有一套先进的电脑软件，能够非常准确地计算出如何裁制出各型木制品，以减少木材之浪费，每月可为他节省二十万元的木材。

第四章：创业观 Business Vision
第二讲：事无碍 Practical Stage（实践次第）　10、经营决策

(1) 注意质变化

「质的变化，最后决定了一个组织及其努力的成败。」「这种变化，须先靠直觉来感受，是不能加以计算、定义或分类的。」

(2) 小公司精神

通用电器前任董事长杰克魏尔：「值此竞争激烈时代，大型公司已经不再稳坐盟主之地位，我们的目标是要把小公司的经营精神带入大公司内。」

(3) 能源一元化

「许多中小企业，今后将可以把能源包装方式一次订购所需之电力、瓦斯、电话、国际网络及安全系统，这将使能源一元化，减低成本。」

(4) 以服务取胜

「Newell公司的产品是应市场价格和需要来设计及定价，且具有以下特点：全国性的市场、准时交货、经常有存货、电脑化作业、查证存货系统、货品生产之计划。」

(5) 作业电脑化

「牛瓦公司超过 90％ 的零售商利用电脑系统来订货，这套设于总公司之电脑系统在收到订单后立即下达货单到全国各地，各地分公司依照实际情形来制定生产数量。」

(6) 汉堡与厕所

「麦当劳汉堡店所标榜之口号是：品质、服务、清洁。他们所提供之餐点不但快速卫生，其厕所也一定是非常清洁。麦当劳已成为上厕所吃汉堡之代名词。」

(7) 全面性决策

「开发新的市场研究顾客之新喜好，增加新产品，对特定市场作研究，扩大营业范围，透过网络推销产品，客人下订单，找价目等。」

(8) 顺应新潮流

美国人喜欢喝咖啡，星巴克（Star Bucks）咖啡把咖啡品质及花样提升及包装了一下，成为全球最大咖啡店。

(9) 对付新挑战

最近麦当劳也要提升他咖啡的品质，同时开辟喝咖啡的空间及环境，不再以儿童乐园形式，就是要抢星巴克年青人的咖啡市场。

(10) 汰旧而推新

当代各行各业的竞争激烈，市场的动态非常敏感，企业主管一定要有弹性，经常检讨产品、政策、销售、管理，每一个环节都可能成为企业致命的重点。

CCEO-A4-B2-13   *Copyrights 2008 In U.S.A/China by Victor*

清華大學

国学再造领导力
企业家高级研修班 讲义

CHAN OF CEO

企 业 禅

第四章

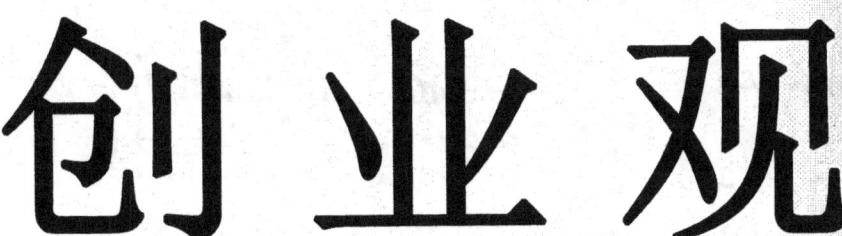

创 业 观

第三讲 理事无碍

编讲人：强梵暢
Edited by Victor Chiang
中国北京大学宗教学系 兼任研究员
Research Fellow
Department of Religious Studies
Peking University , Beijing , China

清華大學 领导力培训项目网
Tsinghua University Training of Leadership

第四章 创业观 总纲目

第一讲 理无碍	第二讲 事无碍	第三讲 理事无碍	第四讲 事事无碍

创业条件	经营理念	企业品牌	市场策略
创业时机	经营关系	企业信誉	市场竞争
创业方式	经营方式	企业文化	市场危机
创业理想	经营管理	企业道德	市场兼并
创业风险	经营决策	企业成败	市场调查

■ *11、企业品牌*

（1）加盟之品牌（2）狄斯耐品牌（3）企业之品牌（4）优势之品牌（5）P&G品牌　（6）新品牌区隔（7）开发新品牌（8）品牌的致胜

（9）品牌的管理（10）欧洲品牌组

■ *12、企业信誉*

（1）微笑的航空（2）无形的资产（3）广告和公关（4）树立新形象（5）严格的训练（6）本田的信誉（7）新航的信誉（8）抢先进市场

（9）拒绝不诚实（10）永续的经营

■ *13、企业文化*

（1）企业之作风（2）团队之精神（3）企业人性化（4）尊敬与价值（5）一银之使命（6）重建新文化（7）西航之文化（8）独特企文化

（9）IBM文化（10）斯卡特文化

■ *14、企业道德*

（1）杀手的道德（2）道德的低落（3）道德的体现（4）台湾的问题（5）企业的弊案（6）道德化经营（7）经营的理念（8）利益的管理

（9）利益相关者（10）企业的伦理

■ *15、企业成败*

（1）敌人是自己（2）分别负成败（3）建设新网络（4）坦诚待员工（5）企业的方向（6）家族式企业（7）杜邦的家规（8）企业的杀手

（9）管理的松散（10）缺市场敏感

第四章：创业观 Business Vision
第三讲：理事无碍 Judgment Stage（证成次第） 11、企业品牌

(1) 加盟之品牌

「今天美国企业，越来越多走向加盟方式，对于任何企业而言，也是最快最保险的扩充方式。加盟方式最重要的两个要件就是品牌及位置，这是加盟成功之必要条件。」

(2) 狄斯耐品牌

「狄斯耐公司以其特殊的各种动物及卡通形象和管理方式，在世界各地扩充市场。事实上，这些事业都是透过加盟方式与当地合作进行。」

(3) 企业之品牌

「企业或公司品牌是最珍贵的资产，品牌是顾客可以信赖的象征，好的品牌就代表好价钱及好产品，许多顾客跟着品牌走，他们对品牌的依赖就是产品有市场的保证。」

(4) 优势之品牌

「NEC组织小组研究出公司最大的优势在电脑与通讯，觉得它们及零件设备应是三合一的事业，必须加强功能来完成对客户的一条龙服务。NEC成为世界半导体的佼佼者，在电脑及通讯事业居于世界领先地位。其中以手机、传真机、手提电脑把通讯与办公室自动化结合一起。」

(5) P&G品牌

宝碱公司（P&G）在世界各地行销超过三百个品牌，并拥有五十亿个消费者。美国有98%的家庭使用"宝碱"的产品。从浴室、洗衣间、婴儿房、厨房、餐具室、梳理台下方、医药柜，乃至化妆盒，处处可见"宝碱"的影子。

第四章：创业观 Business Vision
第三讲：理事无碍 Judgment Stage（证成次第）　11、企业品牌

(6) 新品牌区隔

虽然"宝碱"不断创新形塑了许多产品区隔——诸如酥油、清洁剂及抛弃式纸尿裤等，但消费者对"宝碱"的印象多半来自其品牌。譬如，对忠实客户而言，"克理思可"（Crisco）等于酥油、"汰渍"（Tide）即洗衣剂。为了加强消费者对品牌的熟悉度，"宝碱"平均每年花费超过三十亿美元进行品牌行销；远超过世界上任何一个企业。

(7) 开发新品牌

"宝碱"是一个非常具有创造力及不断创新的企业，除了引领许多新产品开发外，也深深地影响人们的生活方式及品质。谨慎、从容及按部就班的物质构成了部分的宝碱文化。除了更好与更新的产品外，"宝碱"也积极的寻求更好的企业经营方式——让竞争对手穷于应付。

(8) 品牌的致胜

"宝碱"的品牌管理系统之所以成效卓著，乃是因为一个促使此系统蓬勃的基本信念：消费者购买品牌而不是购买产品。由于品牌是"宝碱"的致胜核心，其企业组织也以品牌经理人为中心。然而，这并不代表品牌经理人可为所欲为，分析能力、周全思考以及专业能力都是必备条件。

(9) 品牌的管理

"宝碱"就雇用了约100位品牌管理人员，以因应高度需求的品牌经营环境所带来的高磨耗率。品牌经理人只占所有管理人员的5%，品牌经理人却成为95%的一般主管阶层的主要来源，并是步上公司的高层的必经之路。

(10) 欧洲品牌组

宝碱品牌的跨国管理比照欧洲技术小组，称为欧洲品牌小组（Euro Brand Teams），纳入各子公司总经理为小组成员是其成功关键因素。他们除了负责所在国家的销售量与利润之外，也肩负起区域的成败之责。他们的任务是协调产品配方与行销标准化，并消除不必要的重复管理。所有子公司总经理必须直接涉入并且参与各国欧洲品牌小组会议，与其他成员合作将最符合各总经理的利益。

CCEO-A4-B3-05

第四章：创业观 Business Vision

第三讲：理事无碍 Judgment Stage（证成次第） 12、企业信誉

(1) 微笑的航空

「全美经营最佳的西南航空公司，把所有员工训练为脸上永远带有微笑的人，衣着便但不庸俗，常以歌声笑话取悦乘客，这种公司文化让所有乘客宾至如归。」

(2) 无形的资产

「无形资产应该包括企业声誉、商标、文化、技术知识、专利等累聚而成之商业利益。如美国婴儿食品公司，其有形资产仅3亿美元，但其收购价高达37亿美元。」

(3) 广告和公关

「百业竞争激烈时代，如何打响知名度乃是商场上求胜之道，传统以口碑方式来宣传之方式已经落伍。今天的大小企业，广告和公关已经是不可缺的一项投资。」

(4) 树立新形象

「如何在百业竞争时代，推销产品和树立形象是企业管理中非常重要的一环，哈佛商学院二百位学术界精英研究的成果，也需要以不同形式的推销才会在企业界发生重大影响。」

(5) 严格的训练

多数企业，尤其是包装品业，认为"宝碱"的训练比企管硕士课程好；自"宝碱"挖角行销人才，已成为企业界的常态。包装品企业及广告商视"宝碱"为其基层及中阶企划执行人才的主要来源，而这些人往往成为该公司高级主管。

(6) 本田的信誉

「日本本田在产品及技术上，能够充分利用本身的优势，从摩托车之生产到四轮汽车，拓展出新的市场及技术。这些产品加上价廉物美的优良信誉，使日本货在全球市场之竞争力上显得非常坚强。」

(7) 新航的信誉

「新加坡航空公司，对空服务员专业训练且永远脸上带有笑容，让乘客永远能在和蔼可亲的客舱中享受一次愉快的旅行。其次，飞安要求严紧，设有飞航学校，大量培训机师、地勤人员，以最高标准来实施飞安检查及保养工作。再者，服务项目永远创新，新航是全世界第一家航空公司备用小型电视为旅客提供各种娱乐节目及电话电讯服务。」

(8) 抢先进市场

抢先进入市场的品牌，通常成为领导品牌。全录、可口可乐、可丽舒以及艾德微等，都是市场区隔的先驱品牌，并且几乎成为市场区隔的代名词。汰渍、帮宝适、克瑞斯以及寇美特都是先驱品牌，并且居于领导地位——在消费者心中及市场占有率方面领先。

(9) 拒绝不诚实

任何不诚实的行为都不应该用潜在的获利（无论多大）来加以合理化。不可用结果来合理化手段，因为不道德的手段将会摧毁一个组织。 ——欧文•巴特勒（Owen Butler）前任实验总裁

(10) 永续的经营

1994年初版、1997年再版之《永续经营》（Built to Last）一书是有关18家具有远见的企业——一些经得起时间考验、展现韧性及适应力，以及获致成功的企业。本书的重要主题是：一个支持核心经营理念、并且强固的企业文化，不仅是有远见的企业的必备特质，并且可与竞争者作一区别。

第四章：创业观 Business Vision
第三讲：理事无碍 Judgment Stage（证成次第）　13、企业文化

(1) 企业之作风

「公司文化表现在公司员工与雇士之间如何行事之作风，有些公司以独断方式管理，这在创业时可能奏效，发展到某一阶段会造成严重失误。如何维持雇主及员工间和谐关系，是现代企业经营最重要之一环。」

(2) 团队之精神

「今天企业之公司文化就是一种团队精神的表现，文化不是一样东西，而是千百种因素之综合体，它囊括了公司日常活动之大小事情，而非一个人所能掌握。」

(3) 企业人性化

「任何企业之成功在于人之因素，如果离开人性，所有工作经验都是空洞而乏味，人创造了生机，乃至企业的灵魂。」

(4) 尊敬与价值

「每一个基本之尊敬，价值和潜能，每一位员工都应得到尊重，企业所订定之经营原则必须适应于员工工作能力所及之标准。」

(5) 一银之使命

「第一银行把自己的使命定为是：我们致力于对个人及小型商业提供最完美之服务。其实施的方法是：更佳的顾客服务、无远弗届的讯息交流。」

(6) 重建新文化

「史蒂文森的主要工作是如何孕育新的文化，来推动银行之业务发展。他重新把所有之人事规章奖惩制度，人员调动做出一套新的版本，以便第一银行有新的文化。」

(7) 西航之文化

「西南航空多年来孕育出来之公司文化包括：乐趣、家庭化、俭约及明确，都是企业无形资产最宝贵的一部分。」

(8) 独特企文化

「所有的企业管理学者，皆认为如何发展出一种独特之企业文化，是企业家在21世纪来临时的最大任务。」

(9) IBM文化

「IBM公司之经营文化是：尽量使客人满意我们的产品，使每一位员工发挥所长并且共享成果。」

(10) 斯卡特文化

「斯卡特纸业公司是家庭企业，公司所标榜的是：员工可以参与决策，大大小小之会议让员工们有机会发表自己之高见。但这些公司文化反而使这家老店每况愈下。」

清华大学 辅导方培训项目网　　　CCEO-A4-B3-09　　　Copyrights 2008 In U.S.A/China by Victor

第四章：创业观 Business Vision

第三讲：理事无碍 Judgment Stage（证成次第）　14、企业道德

(1) 杀手的道德

「许多风云人物，为了挽救日渐式微的公司股票，以兼并、裁员、出售资产方式来使股票死里回生，一方面取悦了股东，一方面使公司员工遭到裁员失业的命运。研究企业管理的学者，对这种杀鸡取卵的做法，有着很多争议。」

(2) 道德的低落

「由于企业界的生存竞争，今日的美国企业泰半是以股票投资者之利益为最优先考虑，企业对社会应负之责任愈来愈少，研其原因，皆是由于企业之大量兼并，大企业以各种不同之手段企图垄断市场，加上企业主管的急功近利，使公司的道德文化标准更低落，许多百年历史的老店也因而消失，这是美国企业的一大隐忧。」

(3) 道德的体现

将企业的合法收入及时在股东、债权人、供应商之间合理分配，不拖不欠，形成良好的企业信誉。企业像人一样，也有着自己的性格、气质、个性、风貌和品德。企业要在市场立足，首先要有信誉，这是企业道德的第一体现。

(4) 台湾的问题

台湾，真的有在重视企业责任的企业，是相当少的。而这不单单是他们的问题，因为从媒体，到消费者，到专业经理人，大多数都没有这样的概念。特别是商业媒体最为严重，因为很多记者都不想跟企业翻脸，所以即使知道不少内幕，写出来的文章还是都以拍马屁为。毕竟，记者薪水不高，能够有一天转换到大企业担任公关或发言人，那可是许多记者的长期生涯规划呢。

(5) 企业的弊案

但是为数庞大的不肖企业与经理人，却没有任何媒体在监督。商业媒体，除了拍马，就只会唱高调，却没有人敢真的监督这些"企业家"。即使爆发了各种弊案，这些媒体还是会为这些不肖商人擦脂抹粉，做一些"敢冒险冲过头"、"国外都这样做"或者是"辛酸无人知"的消毒式专题报导。而当我们只要求企业对股东负责时，这些答案都会是一面倒的。在国外，状况比较好些，企业责任已经逐步成为社会检视企业的一个重要环节。

第四章：创业观 Business Vision

第三讲：理事无碍 Judgment Stage（证成次第）　14、企业道德

(6) 道德化经营

按照利益相关者管理的思想，实行道德化经营乃是企业履行与利益相关者长期隐形契约的内在要求，而那种认为企业只为股东利润最大化而生存的思想很可能会导致不道德经营。因为企业一旦把利润作为唯一的追求时，就会把自己束缚在急功近利的小圈子里，在经营行为就难免把职工作为获利的工具，把顾客视为争夺市场份额的对象，把竞争对手看成对头冤家，把媒体视作祸水，把政府法令当作儿戏，把自然资源作为肆意攫取的目标。这种从不考虑利益相关者要求的企业即使暂获利，也无法保证持续发展。

(7) 经营的理念

当前，关注利益相关者的要求、开展道德化经营，已经成为了许多西方国家企业奉行的经营理念。到90年代中期，《幸福》（Fortune）杂志排名前500家企业中，90%以上的企业制定了成文的伦理守则来规范员工的行为；美国约有60%、欧洲约有一半的大企业设有专门的企业伦理机构和伦理主管，负责处理各种利益相关者对企业发生的不正当经营行为所提出的质疑。

(8) 利益的管理

事实上，自90年代以后，利益相关者管理理论的发展使人们认识到那些只顾自己赚钱，没有关注相关者利益的企业行为都可视作非道德的或不道德的。利益相关者管理（Stakeholder Management）奉行的核心思想是：企业的经营管理活动要为综合平衡各个利益相关者的利益要求而展开进行，企业的发展离不开各种利益相关者的投入或参与，企业追求的是利益相关者的整体利益，而不仅仅是某个主体的利益。

(9) 利益相关者

这些利益相关者包括企业的股东、债权人、雇员、消费者、供应商等交易伙伴，也包括政府部门、本地居民、当地社区、媒体、环境保护主义者等压力集团，甚至还包括自然环境、人类后代、非人物种等受到企业经营活动直接或间接影响的客体。这些利益相关者都对企业的生存和发展注入了一定的专用性投资，他们或是分担了一定的企业经营风险，或是为企业的经营活动付出了代价，企业的经营决策必须要考虑他们的利益，并给予相应的报酬和补偿。

(10) 企业的伦理

1996年2月韩国企业界的民间联合组织（全国经济人联合会）代表企业界向政府和国民颁了《企业伦理宪章》，它要求企业尊重竞争对手、公平对待企业成员、保护和增进消费者权益、加强社会责任感、树立环境意识、尊重地区传统文化，其核心思想就是关注相关者的利益要求。

Thldl

第四章：创业观 Business Vision
第三讲：理事无碍 Judgment Stage（证成次第） 15、企业成败

(1) 敌人是自己
「AT&T是全球最大的电话通讯公司，艾伦认为，该公司最大的敌人就是自己，他担心公司老旧的文化传统，会带来十足的官僚气息，缺乏斗志。」

(2) 分别负成败
「艾伦接掌AT&T时，公司一团混乱，艾伦大刀阔斧向外招募高手，将公司分为22个单位，分别成立主管部分，自负成败，必要组合各单位共同研究，接受属下考核。」

(3) 建设新网络
「AT&T成功就是建设网络，公司埋在地下海底电缆除贯穿全美外，连接二百多个国家，长度可绕地球五圈，每年坐收400亿美元长途电话费，是世界上最值钱的资产」

(4) 坦诚待员工
「为激励员工之向心力，属主相对的要善待员工，除精神层面外，物质条件亦相等重要，员工福利及待遇，必须有完整之规划。员工雇主间要坦诚相待，和睦大家庭」

(5) 企业的方向
「如果我们的目标只在于制造利润，而忽视人之因素，将会导致企业之不利发展。如果一个企业失去方向，就会丧失客户而利润也随之消失。」

第四章：创业观 Business Vision

第三讲：理事无碍 Judgment Stage（证成次第） 15、企业成败

(6) 家族式企业

管理大师克拉克：「家族企业必须注入外来之新血才能面对巨大之未来。企业有行销、生产、财务及研究方面，需要许多专业人才来担当重任。除非家族成员能在企业中与外人一样努力工作，否则该家族成员不应留在家庭企业之中。如果为了应付家族亲戚之压力，让他挂名而不做事，会对企业之发展产生不良之后果。」

(7) 杜邦的家规

「杜邦公司对家族成员有一条不成文之规定，凡是亲戚在公司里工作，经过二、三年后必须得到其他亲戚之审查和考试，来决定此人是否适合在公司断续留任，否则该名亲友将无法呆下去。」

(8) 企业的杀手

旦勒就任山彬公司后，宣布裁员一半。劳工部长对此反应强烈：「这种裁员之方式令人寒心，其处理方式就像丢弃一些废物一般。」旦勒反驳：「一个病入膏肓的公司要变得健康，必须以壮士断腕之精神来处理。」

(9) 管理的松散

国内诸多企业在内部的管理上，往往习惯于本位主义的作法，不是各部门之间无法做有效的横向联系，就是各部门各自为政，不能达到齐心共识，每一个部门、每一个人俨然都是山大王，不愿携手对外。行销策略的拟定，最担心的就是内部资源不能做有效的整合，可是，这竟然是我们在执行行销策略时最常遇到的障碍。

(10) 缺市场敏感

即使是巨人，也会因为小蚂蚁的噬咬而产生困扰。行销人员千万不可以因为目前处于市场的最高峰，以为可以高枕无忧而掉以轻心。行销人员最忌讳的就是自抬身价，将自己捧在云端里，活在自以为是的荣耀中。市场是残酷无情的，今日的成就，并不代表明日依旧和今日一样拥有光芒。翻开行销史，我们不难发现许多因为过于膨胀自己，而忽略了身旁敌手的事件发生，而这也是我们经常碰到的"行销障碍"。保力达P即为一例。

Thldl
领导力培训专家

清华大学

中华国学再造领导力
企业家高级研修班 讲义

CHAN OF CEO

企 业 禅

第四章

创 业 观

第四讲 事事无碍

编讲人：强梵畅
Edited by Victor Chiang
中国北京大学宗教学系 兼任研究员
Research Fellow
Department of Religious Studies
Peking University , Beijing , China

清华大学 领导力培训项目网
Tsinghua University Training of Leadership

第四章 创业观 总纲目

第一讲	第二讲	第三讲	第四讲
理无碍	事无碍	理事无碍	事事无碍

创业条件	经营理念	企业品牌	市场策略
创业时机	经营关系	企业信誉	市场竞争
创业方式	经营方式	企业文化	市场危机
创业理想	经营管理	企业道德	市场兼并
创业风险	经营决策	企业成败	市场调查

◆ 16、市场策略

（1）网络的策略（2）信息的策略（3）服务的策略（4）重组的策略（5）相关的策略（6）竞争的策略（7）代工的策略（8）直销的策略

（9）结盟的策略（10）经营的策略

◆ 17、市场竞争

（1）同行的竞争（2）操纵的竞争（3）压力的竞争（4）政府少干涉（5）焦点的竞争（6）资讯的竞争（7）持久的竞争（8）联盟的竞争

（9）可乐的竞争（10）全球的竞争

◆ 18、市场危机

（1）冲击的危机（2）廉价的危机（3）竞争的危机（4）淘汰的危机（5）麦当劳危机（6）麦当劳危机（7）摩托拉危机（8）惠普的危机

（9）柯达的危机（10）时报的危机

◆ 19、市场兼并

（1）通讯的兼并（2）数据的兼并（3）利润的兼并（4）企业的兼并（5）财务的兼并（6）牛瓦的兼并（7）泰柯的兼并（8）低等的兼并

（9）微软并雅虎（10）金融的兼并

◆ 20、市场调查

（1）正确的市调（2）负面的市调（3）跨国的市调（4）客户的市调（5）同行的市调（6）研究的中心（7）消费的误解（8）仔细看结果

（9）市场的模拟（10）市场的测试

第四章：创业观 Business Vision

第四讲：事事无碍 Successful Stage（圆满次第）　16、市场策略

（1）网络的策略

「随着高科技的进步，利用国际电脑网络传递讯息的网络广播已在美国逐渐商业化，可以付费为您的公司或其他事业准备一套完整的业务推展计划向全世界推销。」

（2）信息的策略

「许多产品，如电器产品，其品牌只有六个月的产销生命，如何在最快的时间内把讯息传达到各地，而不经主管亲自登访，今日之科技已经可以解决。」

（3）服务的策略

「AT&T计划中，今后的有线设备将为每一个家庭用户提供音像见面、电子部件之服务，换言之，这是一条龙服务，不但速度惊人，且价格将会大幅下降。」

（4）重组的策略

「哈佛教授克里斯汀生预测，今后十年新科技将迫使许多大公司必须重组，以新的或小的公司来面临同行之竞争，如金融、农业等生产线，将走向自动化、电脑化。」

（5）相关的策略

「通用电器公司感到生产家用用品利润在减少，就转向金融服务相关企业，其他诸如迪斯尼乐园在其周边加盖许多旅馆以广招游客。」

CCEO-A4-B4-04

第四章：创业观 Business Vision
第四讲：事事无碍 Successful Stage（圆满次第）　16、市场策略

(6) 竞争的策略

「哈佛经济学家波特，在其书中对企业的改造做了明确说明，包括结构、实施、表现范例。波特强调公司应该加强内部之整核，以本身具有之技术及人才增强竞争力量」

(7) 代工的策略

「NIKE公司，除了设计部分在美国外，其他制球鞋、衣服都分散在外，利用国外的廉价劳工，把价格压低，品质提高，才是正确之做法。」

(8) 直销的策略

「今天透过国际电脑网络，任何人都可以在全球市场上行销，而每位个人行销的方式不同，行销产品也一样，但是如何吸引顾客，道理是一样的。」

(9) 结盟的策略

「牛瓦公司已经从窗帘公司发展至家庭用工具，办公室用品及许多日常用品，其策略就是与大型经销或零售店紧密合作，把市场占有率提到最高，使许多较小同行无法竞争」

(10) 经营的策略

「经营策略是透过不同市场的协调及评估而为企业制造价值之方法。制造价值就是把企业经营和有利可图，评估则是要去选择市场和经营项目，更重要的是协调，企业下下单位，共同来完成生产目标。」

第四章：创业观 Business Vision

第四讲：事事无碍 Successful Stage（圆满次第）　　17、市场竞争

(1) 同行的竞争

　　哈佛教授波特：「美国是建立在竞争之上」美国主要工商行业都存在同行竞争。

(2) 操纵的竞争

　　「政府对于反托拉斯法律非常严格，主要是防止厂商共同定价，操纵市场，这也是美国经济成长中最重要的一项精神支柱——竞争力才有进步。」

(3) 压力的竞争

　　「早在二战前，美国工商界已经认识到企业之发展唯有在同行竞争压力之下，才会改进，唯有不断改进，才能增加竞争力量。」

(4) 政府少干涉

　　「美国政府对于私人企业是干涉最少的国家，只要是正派合法事业，都可经营，而政府大量投资于国家基础建设、教育及科技研究。严厉执行反托拉斯法保护竞争者」

(5) 焦点的竞争

　　「专家们指出，一些大公司大老板今后必须提高警觉，深切体会顾客的需要，除了品质、价格，还有服务，都是今后商场上大家竞争的焦点。」

第四章：创业观 Business Vision

第四讲：事事无碍 Successful Stage（圆满次第）　17、市场竞争

(6) 资讯的竞争

「研究市场开发之学者专家认为如何利用最快的资讯推销公司新产品是当争之务，否则在市场竞争上将会落后。」

(7) 持久的竞争

「当产品进入市场时，必须考虑到是否有竞争力，公司之资源是否可以激烈竞争之市场中持久，就如一家制造钢铁之公司，不可能在电脑业中去竞争。」

(8) 联盟的竞争

「联盟是当前商业活动中建立有力竞争的武器，企业联盟已成为一种风尚和手段，从电子工业到航空公司都有大小不同的企业，透过聪明手段来保住江山。」

(9) 可乐的竞争

「可口可乐与百事可乐的产品，特别是在中国大陆及东南亚市场，早已本土化而成为当地人之饮料。两公司皆起用年轻业务员、主管人员，公司对业务员之管理非常严紧，每人必须达到交付之业务指标，双方之战火将会越来越激烈。」

(10) 全球的竞争

「1980年代的企业主管多半重视如何稳定公司结构，以求安定为最高原则。1990年代随着科技之飞跃进步，全球化已是许多企业必然步上大道。新的企业家必须重订调整经营方针，如何利用公司优势，因应全球竞争，是企业所面临新的挑战。」

第四章：创业观 Business Vision

第四讲：事事无碍 Successful Stage（圆满次第） 18、市场危机

（1） 冲击的危机

哈佛教授克宁斯廷生：「新的科技将使大公司带来无法避免之冲击，假如大企业无法适应时代潮流，尤其在电脑科技方面，则将会被许多中小型公司所取代。」

（2） 廉价的危机

「近年在各行业出现了先进技术有其特性：生产成本低廉，利润不高，一些大公司当初对其对手都不在意，认为威胁不大，但是等到他们发展出一些价廉物美产品时，立即对大公司造成竞争，甚至取而代之。譬如电脑打印机就是一个很好之例证。」

（3） 竞争的危机

「大型公司应早日对新的科技生产多加注意，并应设立不同之公司来从事研究生产，不要被大公司的包袱缠住，以新的公司来经营新产品，才能与其他小公司竞争」

（4） 淘汰的危机

「国际网络及电脑资料库迅速发展，已经使市场开发带来前所未有之便利，如果推销人员不掌握科技先机，将会面对淘汰出局的危机。」

（5） 麦当劳危机

「面对顾客开始转变胃口尝试不同食品，麦当劳仍墨守成规，不愿大幅更改餐牌。不愿外人加入董事会，形成与外界缺乏交流，许多新产品及经营观念无法产生效应」

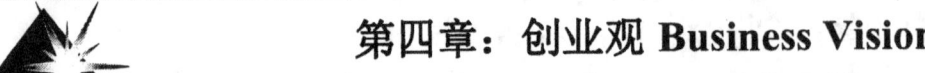
（6）麦当劳危机

「不过这家企业，目前已有感于改革之迫切性，总部正向外界征求企业高手，并局部成立权力下放的子公司，以灵活经营之方式，来确保在世界餐馆业盟主之地位。」

（7）摩托拉危机

「摩托罗拉公司面对同行前有未有的挑战，为挽救危机，立即与供应商联盟，成立永久性的管理小组，经常生产出各种全新价廉的产品，改变了公司前景而成为龙头」

（8）惠普的危机

「惠普公司与一家专营人事服务公司联盟，让该公司解决惠普公司的人事问题，负责人员培训和招募，而惠普公司主要工作是在研究开发，两者有高度互补性。」

（9）柯达的危机

「柯达公司为了处理其在资料上的困难，也与ISSC电脑公司联盟，使得柯达公司能专注于本身核心技术能力。事实证明专注于核心能力的公司必然能战胜同行。」

（10）时报的危机

「威利认为，以往把新闻和广告业务分开来，是对新闻发展的一种阻碍，他鼓励新闻记者和业务代表共进午餐，彼此交换意见并交换情报，以增加报纸与社区关系。」

第四章：创业观 Business Vision
第四讲：事事无碍 Successful Stage（圆满次第）　19、市场兼并

（1）*通讯的兼并*

「1998年，美国电报电话与TCI有线电视公司共组480亿美元的新公司，这项震撼美国商界的壮举，将使通讯传播事业的版图重新划定。」

（2）*数据的兼并*

「AOL新组合的企业将把美国家庭今后的电视、电话、电脑经由数据传送方式，开拓传讯事业之新纪元。美国家庭今后可以透过该公司专线，得到多种服务。」

（3）*利润的兼并*

「许多金融、传媒、电脑业等大企业，往往以精简人员方式使股票升值，公司主管也以此手段，把利润短期内提高，示自己有赚钱能力，应检讨这种短视、近利做法」

（4）*企业的兼并*

「1990年代美国企业之改造，其中最明显的改变就是以兼并来整顿公司结构，以赶尽杀绝的方式来与传统的企业挑战。」

（5）*财务的兼并*

「企业改造的最大改变动力，就是财务的重整，其目标就是充分掌握公司资金的流向，如何利用资金之再投资来创造利润，调整公司债务利息的支出……」

第四章：创业观 Business Vision

第四讲：事事无碍 Successful Stage（圆满次第） 19、市场兼并

(6) 牛瓦的兼并

「牛瓦公司之策略是大量兼并来扩充实力，总裁富克森说：二加二不一定等于四，如果我们处理得当，应该会多于四。」

(7) 泰柯的兼并

「另一促使泰柯发展迅速之原因是不断收购同行，在收购后，他们可以把生产、销售、成本 统一，市场占有率自然增加，竞争者也就越来越少。」

(8) 纸业的兼并

「旦勒先生，曾任过许多企业主管，最令企业界震撼的动作，就是把生产纸制品的斯卡特纸业和KIMBENLH-CLARK纸公司合并。评论家认为：这是美国有史以来最成功的一次兼并行动，也为一些垂死的企业找到了生机。」

(9) 微软并雅虎

近期在网络大企业间的兼并很凶，微软要并雅虎，对抗谷歌；士耐也兼并美国在线（American on line）或想兼并雅虎，争为网络龙头。

(10) 金融的兼并

美国次贷危机，造成有史以来金融业的大兼并风，摩根兼并贝尔（Bear stem）先以2元1股，后引起反弹，成交以10元1股。其他如美国银行只出1/4价格要兼并乡村银行（Country wide Mortgage）等均是。

第四章：创业观 Business Vision
第四讲：事事无碍 Successful Stage（圆满次第）　20、市场调查

(1) 正确的市调
「从事观察、探讨及思考，变成提供知识与洞察力的来源，而引导公司走向繁荣。」

(2) 负面的市调
「热衷于琐碎的事情，把附加注解认为是好的调查及研究。」

(3) 跨国的市调
「许多希望成为跨国企业的人士，由于缺乏事先之研究，而变成折翼而归，因此专家们警告，对于市场之调查及研究，是投资前必须完成之工作，其中包括厘定营业范围、实地观察、发现问题，关于投资国之一些资料，都可以委托商业公司获得。」

(4) 客户的市调
「无论您从事任何行业，都必须了解您的客户及服务对象，今天的客户已经越来越难以侍候，因为他们对产品及服务的要求越来越多样化，越来越要求品质。」

(5) 同行的市调
对同行的市调是竞争的直接影响调查，关系市场行销的成败。必须反复的作调研、论证及问卷。

第四章：创业观 Business Vision
第四讲：事事无碍 Successful Stage（圆满次第）　20、市场调查

(6) 研究的中心

史迈尔斯博士在1923年被礼聘至"宝碱"，成立前所未有的经济研究中心，以协助预测商品市场的波动。然而，史迈尔斯博士的好奇心延伸至消费性行销的领域。他问了许多连库伯·波克特（Cooper Procter，第三任宝碱总经理）及高级主管都难以回答的问题：为什么消费者使用"宝碱"的产品？消费者喜欢产品的哪一点？如何才能让消费者更喜爱"宝碱"的产品？

(7) 消费的误解

史迈尔斯博士发现消费者常误解一些他们自认十分明白的问题。即使他们真正明了问题的重点，答案经常是模棱两可。问对的问题以及帮助消费者明确界定答案是一种艺术，史迈尔斯博士发展的方法论直到今日仍为"宝碱"研究员所采用。

(8) 仔细看结果

受到史迈尔斯博士的影响，"宝碱"只在乎资料的正确性及有效性。无论结果为何，"宝碱"都将珍惜之。他们相信资料所指向的答案是最正确的，因此所有的行动都是基于资料的发现。做对的事其实就是依仔细分析结果的方向行事。

(9) 市场的模拟

"宝碱"在实际进入市场测试之前，会使用不同的方法测试产品概念的可行性。此外，"宝碱"也进行广泛的市场模拟测试。消费者将被安排在位于测试中心的模拟商店中购买产品。

(10) 市场的测试

为了保持市场的优势，"宝碱"不轻易曝光其想法及计划。史堤夫·史脱乐（Steve Stoller）任职品牌副理时，亲身感受到"宝碱"对业务机密的严密保护。当时他负责"汰渍惜得"的市场测试，产品型式类似帮斯，且含有洗衣剂、漂白剂以及柔软精的功效。品牌群在公司外的一处办公室工作，办公室通常是深锁的，里面没有垃圾桶，只有碎纸机。"宝碱"以及没有标志的卡车搭配随行安全人员，将产品由工厂载运至测试中心。"Decker: winning with the P&G 99"李圣贤译：品牌王国

中华国学再造领导力
企业家高级研修班 讲义

CHAN OF CEO

企 业 禅

第五章

人 际 观

第一讲 理无碍

编讲人：强梵暢

Edited by Victor Chiang
中国北京大学宗教学系 兼任研究员
Research Fellow
Department of Religious Studies
Peking University , Beijing , China

CCEO-A5-B1-01

第五章 人际观 总纲目

第一讲
理无碍

第二讲
事无碍

第三讲
理事无碍

第四讲
事事无碍

知人态度	用人态度	御人态度	服人态度
知人方法	用人方法	御人方法	服人方法
知人原则	用人原则	御人原则	服人原则
知人技巧	用人技巧	御人技巧	服人技巧
知人要道	用人要道	御人要道	服人要道

第五章 人际观 第

◆ *1、知人态度*
（1）周礼论观人（2）孔子论观人（3）孟子论观人（4）知人之长短（5）形相随心转（6）谨慎评断人（7）人心之难测（8）周公论守者
（9）曾公论小人（10）知人之重要

◆ *2、知人方法*
（1）孔子论贤善（2）孟子论贤肖（3）曾公相人诀（4）陶觉论三代（5）培根论周旋（6）内外不相应（7）内外不相应（8）内外反相应
（9）观人之方法（10）心性之浑厚

◆ *3、知人原则*
（1）文王观人术（2）文王观人术（3）太公论反相（4）曾国藩论人（5）知人十原则（6）不可用小人（7）不可用小人（8）论贤与不肖
（9）论贤与不肖（10）论贤与不肖

◆ *4、知人技巧*
（1）冰鉴论人态（2）考察其内外（3）考验人真伪（4）听言而观行（5）诸葛亮论人（6）姜太公论人（7）太公论八证（8）太公论考验
（9）四重与四轻（10）曾公论君小

◆ *5、知人要道*
（1）君子之视瞻（2）君子之言语（3）君子之喜怒（4）君子之气度（5）君子之作止（6）君子之交接（7）君子之食息（8）君子之存心
（9）君子之存心（10）君子之存心

CCEO-A5-B1-03　　Copyrights 2007 In U.S.A/China by Victor

第五章：人际观 Human Vision

第一讲：理无碍 Theory Stage（学习次第）　**1、知人态度**

(1) 周礼论观人

周礼：「观人之道有五：观其出言，不直则烦；观其颜色，不直则赧；观其气息，
不直则喘；观其听聆，不直则惑；观 其眸视，不直则眊焉。」此为形相学之始。

(2) 孔子论观人

孔子：「始吾于人也，听其言而信其行；今吾于人也，听其言而观其行。」听其言
则必「诐辞知其所蔽，淫辞知其所陷，邪辞知其所离，遁辞知其所穷。」观其行则必
「 视其所以，观其所由，察其所安。」

(3) 孟子论观人

孟子：「存乎人者，莫良于眸子。眸子不能掩其恶，胸中正，则眸子嘹焉；胸中不
正，则眸子眊焉。听其言也，观其眸子，人焉瘦哉？人焉瘦哉？」

(4) 知人之长短

阎循观：「知人有四：知人之短，知人之长，知人短中之长，知人长中之短。用人
有二：用人之长，避人之短。教人有二：成人之长，避人之短。教人有二：成人之长，
去人之短。」

(5) 形相随心转

陆桴亭：「人相生于天然。有心无相，相逐心生；有相无心，相随心灭。」

第五章：人际观 Human Vision

第一讲：理无碍 Theory Stage（学习次第）　1、知人态度

(6) 谨慎判断人

「务求其言行相符，心性情意毕见。其所以如是谨严审慎者，盖知人之难，圣哲所病

，不愿执一误察而失其余也。」

(7) 人心之难测

古语：「人心难测，甚于知天，腹之所藏，从何而显。」故欲用人无误，首贵观人

知人而为之分类之。

(8) 周公论守者

周公：「德行广大而守以恭者荣，土地博裕而守以俭者安，禄位尊盛而守以卑者贵

，人众兵强而守以畏者胜，聪明睿智而守以愚者益，博闻多记而守以浅者广。」

(9) 曾公论小人

曾国藩：「所谓小人者，识见小耳，度量小耳。井底之蛙，所见几何？唯利是视而

已。君子则不然，天下之大，视若敝屣；尧舜之业，视若浮云。宏其度，则行有不得，

反求诸己；己所不欲，勿施于人。焉有所谓自私自利者哉？」

(10) 知人之重要

张杨园：「人无论贵贱，总不可不知人。知人则能亲贤远不肖，而身安家

可保；不知人则贤否倒置，亲疏乖反，身危家败，不易之理也。」

第五章：人际观 Human Vision

第一讲：理无碍 Theory Stage（学习次第）　**2**、知人方法

(1) 孔子论贤善

论语：「子贡问曰：乡人皆好之，可如？子曰：未可也。曰：乡人皆恶之，何如？

子曰：未可也。不如乡人之善者好之，其不善者恶之。」

(2) 孟子论贤肖

孟子：「左右皆曰贤，未可也；诸大夫皆曰贤，未可也；国人皆曰贤，然后察之；

见贤焉，然后用之。左右皆曰不可，勿听；诸大夫皆曰不可，勿听；国人皆曰不可，然

后察之；见不可焉，然后去之。」

(3) 曾公相人诀

曾公：「邪正看眼鼻，真假看嘴唇，功名看器宇，事业看精神，志量看神采，风波

看脚跟，若要看条理，全在语言中。」

(4) 陶觉论三代

陶觉：「三代下之人，患不好名。诚以好名者，独知自爱，自爱则必非小人。三代

下之人，患太好利。好利者只知自私，自私者则决无佳士。」

(5) 培根论

培根：「察知要与之周旋者之脾气、欲望、见解等；获取其权利之援力、扶助等；

获取其有机可乘之缺陷、弱点；知其朋友、怨仇、四敌等；知其可接近之时机。」

清華大学 領导力培调项目网　　　　CCEO-A5-B1-06　　　　Copyrights 2008 In U.S.A/China by Victor China

第五章：人际观 Human Vision

第一讲：理无碍 Theory Stage（学习次第）　2、知人方法

(6) 内外不相应

「有伪饰圣贤而为大奸者；有行似君子实为小人者；有伪饰忠顺而内怀篡逆者；有外

似驯谨实为不肖者；有外廉正自守而实贪枉卑劣者；有盛名一世而无真才实学者。」

(7) 内外不相应

「有聪明睿知而虚有其表者；有外似果敢而实怯弱畏死者；有善言穷辩而无能者；有

有多才富艺而大事庸奴者；有能共患难而不能共安乐，有能共安乐而不能共患难者；有

满口仁义道德而心实阴狠淫盗、狡诈虚伪、禽兽不如者。」

(8) 内外反相应

「有守道藏用无知于世而反为圣贤者；有放荡不羁反为君子者；有毁谤丛集反为大才

者；有言讷似怯反勇死为国士者；有喜忤直犯上而实忠贞不二者。」

(9) 观人之方法

「首在鉴其神态，辨其心术，了其环境，查其历史；次在听其言而观其行。」

(10) 心性之浑厚

古人：「事难事看担当，顺境逆境看襟度，临喜临怒看涵养，群行群止看识见，取

舍进退看气宇，日用常行看胸怀，利害得失看操守，死生祸难看气节。」「心性正，则

一切不待正而自正矣。故识人用人，首以正直深厚朴质本色者为主。」

第五章：人际观 Human Vision
第一讲：理无碍 Theory Stage（学习次第） 3、知人原则

(1) 文王观人术

文王：「富贵观其礼施也，贫穷观其有德守，嬖宠观其不骄，隐约观其不摄。其少观其恭敬，其壮观其廉洁，其老观其意虑。父子之间，观其孝慈；兄弟之间，观其和友；君臣之间，观其忠惠；乡党之间，观其信悌。」

(2) 文王观人术

文王：「省其居处，观其义方；省其丧哀，观其贞良；省其出入，观其交友；省其交友，观其任廉；考之以观其信，絜之以观其知，示之难以观其勇，烦之以观其治，淹之以利以观其不贪，监之以严以观其不宁，喜之以物以观其不轻，怒之以观其重，醉之以观其不失，纵之以观其常，远使之以观其不贰，迩之以观其不倦，探取其志以观其情，考其阴阳以观其诚，覆其微言以观其信，曲省其行以观其备，此谓观诚也。」

(3) 太公论反相

太公：「夫士貌情不相应者十五：有贤而不肖；有温良而为盗；有貌恭而心慢；有外廉谨而内无恭敬；有精精而无情；有湛湛而无诚；有好谋而无决；有如果敢而不能，有恍惚而反忠实，有诡激而有功效；有外勇内怯；有肃肃而反易人……天下所贱，圣人所责。」

(4) 曾国藩论人

曾公：「一人俯首不敢仰视，此必谨厚持重之人，可任吏职；一人当而则恭正视不苟，背而则懈左右顾盼，阳奉阴违人也，不可任用；一人怒目相视，精神始终不懈者，忠义人也，可重用之」

(5) 知人十原则

「知其心性、气质、品德、才学、好恶、长短、环境、欲望、历史、交游，斯十知人之要也」

清华大学 领导力培训项目网 CCEO-A5-B1-08 Copyrights 2008 In U.S.A/China by Victor Chiang

第五章：人际观 Human Vision

第一讲：理无碍 Theory Stage（学习次第）　3、知人原则

(6) 不可用小人

天玄子：「小人不可用而须明察者有七：其一，貌为忠贞，心唯利禄，专事揣摩，好为逢迎；其二，结纳左右，专固名位；立异鸣高，逆情干名；其三，自求安逸，利之所在，不恤人言；其四，胜己者厌之，佞己者悦之；闻人善嫉之，闻人之恶扬之；」

(7) 不可用小人

「其五，耽嗜声色，不事经术，闻财作奸苟取，适名位屈身务得；其六，急亲显宦，匿近权要，不务实学，雅好虚名；其七，混迹斯文，崇好慢游，消极为寡过。」

(8) 论贤与不肖

张扬园：「贤者刚直，不肖者柔佞；贤者中正，不肖者偏狭；贤者虚公，不肖者私系；贤者谦和，不肖者骄慢；贤者敬慎，不肖者恣肆；贤者逊让，不肖者争竞；」

(9) 论贤与不肖

「贤者开诚，不肖者险诈；贤者独立特行，不肖者唯唯附和；贤者老成持重，不肖者轻举便捷；贤者韬光养晦，不肖者激扬；贤者宽厚慈良，不肖者苛刻残忍；」

(10) 论贤与不肖

「贤者欲淡，不肖者利热；贤者持身严，不肖者律人苛；贤者从容有度，不肖者急而时变；贤者规模远大，不肖者急功近利；贤者讷言敏行，不肖者夸言过实……」

第五章：人际观 Human Vision
第一讲：理无碍 Theory Stage（学习次第）　4、知人技巧

(1) 冰鉴论人态

曾公：「久注观人精神，乍见观人情态。大家举止，羞涩亦佳；小儿行藏，跳叫愈失。大旨亦辨清浊，细处兼论取舍。人有弱态，有狂态，有疏懒态，有周旋态。飞鸟依人，情致婉转，此弱态也。不衫不履，旁若无人，此狂态也。坐止自如，问答随意，此懒态也。饰其中机，不苟言笑，察言观色，趋吉避凶，此周旋态也。皆根其情，不由矫枉。弱而不媚，狂而不哗，疏懒而真诚，周旋而健举，皆能成器；反此，败类也。」

(2) 考察其内外

「见其阴、阳而知其心；见其内、外以知其意；见其疏、亲以知其情；见其往、今以知其来；见其学、养以知其才；见其长、短以知其用。」

(3) 考验人真伪

「以诸葛亮观人七经而验人真伪。数者明，则庶乎不易有所失。」

(4) 听言而观行

「不但宜听其言而观其行，以求未来事实之证明；有须观其行而听其言，以求过去之事实而衡测判别其言论之如何。」

(5) 诸葛亮论人

诸葛亮：「有七：问之以是非而观其志；穷之以辞辩而观其变；咨之以计谋而观其识；告之以祸难而观其勇；醉之以酒而观其性；临之以利而观其廉；期之以事而观其使」

第五章：人际观 Human Vision
第一讲：理无碍 Theory Stage（学习次第）　**4、知人技巧**

(6) 姜太公论人

太公：「必见其阳，又见其阴，乃知其心；必见其外，又见其内，乃知其意；必见其疏，又见其亲，乃知其情。」

(7) 太公论八证

太公：「问之以言，以观其辞。穷之以辞，以观其变。与之间谍，以观其诚。明白显问，以观其德；使之以财，以观其廉；试之以色，以观其贞；告之以难，以观其勇；醉之以酒，以观其态。八证皆备，则贤不肖别矣。」

(8) 太公论考验

太公：「富之而观其无犯，贵之而观其无骄；付之而观其无转；使之而观其无隐；危之而观其无恐；事之而观其无穷。富之而不犯者仁也；贵之而不骄者义也；付之而不转者忠也；使之而不隐者信也；危之而不恐者勇也；事之而不穷者谋也。」

(9) 四重与四轻

扬子：「取四重，去四轻。何谓四重？曰重言、重行、重貌、重好。言重则有法，行重则有德，貌重则有威，好重则有观。何谓四轻？曰言轻则招忧，行轻则招辜，貌轻则招辱，好轻则招淫。」

(10) 曾公论君小

曾公：「天下无一成不变之君子，亦无一成不变之小人。仁者物我无间之谓也，一有自私之心,则小人矣。义者无所为而为之谓也，一有自利之心,则小人矣。同一日也，朝而公正，则为君子；夕而私利，则为小人。同一事也，初念公正，则为君子；转念私利，则为小人。」

第五章：人际观 Human Vision

第一讲：理无碍 Theory Stage（学习次第）　5、知人要道

（1）君子之视瞻

「夫视瞻尊严，气静神疑，望之俨然可畏，即之蔼然可视，上位君子也；反之，上位小人。视瞻平正，神气冲和，殷然、抑然、挺然、淡然，下位君子；反之，下位小人」

（2）君子之言语

「夫言近指远，简洁清越，言信行果，隐恶扬善，温厚和平，发之天性，不悖理法，不曲是非，上位君子；反之，上位小人。言语谨饰，不苟訾笑，耻矜己之长，乐道人之善，不文己之过，不评人之私，下位君子；反之，下位小人。」

（3）君子之喜怒

「夫喜怒不形，宠辱不惊，处危情闲，闻毁不变，乐忧天下，处顺逆而能常，临死生而不变，上位君子；反之，上位小人。怒不失常，乐不至极，不逆未卜之得失，不忆未至之荣枯，下位君子；反之，下位小人。」

（4）君子之气度

「夫气宇洋洋，襟怀慷慨，忠厚明快，神和潇洒，上位君子；反之，上位小人。胸怀谨拘，疾恶如仇，洁自律己，明哲自保，不合俗污，下位君子；反之，下位小人。」

（5）君子之作止

「立如松，坐如岳，进如月朗，退如水流，步安神泰，上位君子；反之，上位小人。立如斋，坐如尸，步履或蹇谔或徘徊，下位君子；反之，下位小人。」

CCEO-A5-B1-I2

(6) 君子之交接

「相见平淡，久而弥甘，扶危济困，取舍有节，待人丰礼，上位君子；反之，上位小人。傲骨难合，气谊恒乎不逾，厚薄亲疏，不失分寸，下位君子；反之，下位小人。

(7) 君子之食息

「饮食寝处，情闲性适，淡泊宁静，随遇而安，出处进退，中正自持，上位君子；反之，上位小人。列鼎重茵，情志不快，曲肱饮水皆安，下位君子；反之，下位小人。

(8) 君子之存心

「神明冲寂，刚健不挠，不欺后世，宅心仁慈，造福于不识不知之乡，火灭修容，致敬于无声无臭之际；不企名，不要誉，不居功，不逞才者，则在上位之君子也。」

(9) 君子之存心

「宅心中正，纯白不染，学宗往圣，不因风俗之靡而易其所守，志切苍生，不因天心之不属而变其所存者，则下位之君子也。」

(10) 君子之存心

「穷约则类迹圣贤，利达则行同盗跖，党同伐异，心口多方，阳施阴贼，上位小人。自私自利，自暴自弃，随俗浮沉，与时俯仰，则在下位之小人也。」

清華大學 领导力培调项目网　　　CCEO-A5-BI-I3　　　Copyrights 2008 In U.S.A/China by Victor

中华国学再造领导力
企业家高级研修班 讲义

CHAN OF CEO

第五章

第二讲 事无碍

编讲人：强梵暢

Edited by Victor Chiang

中国北京大学宗教学系 兼任研究员

Research Fellow

Department of Religious Studies

Peking University , Beijing , China

第五章 人际观 总纲目

第一讲 理无碍	 第二讲 事无碍	第三讲 理事无碍	第四讲 事事无碍

知人态度	用人态度	御人态度	服人态度
知人方法	用人方法	御人方法	服人方法
知人原则	用人原则	御人原则	服人原则
知人技巧	用人技巧	御人技巧	服人技巧
知人要道	用人要道	御人要道	服人要道

第五章人际观 第 碍

6、用人态度

（1）孔子论君子（2）孟子论用人（3）曾公论用长（4）胡公论求才（5）陆公论长短（6）左公论用才（7）萧公论不用（8）尸子论不治

（9）伟人之用人（10）举贤而用之

7、用人方法

（1）汉高帝用人（2）韩非论君道（3）不可用之人（4）用人与用法（5）唐太宗用人（6）用人不用己（7）刘邦用贤能（8）用制度选才

（9）不可用原则（10）用人当其位

8、用人原则

（1）用师友称王（2）上主以师佐（3）乱世才重德（4）治世德重才（5）立事先择人（6）曾公论器使（7）管子论四固（8）用人疑不疑

（9）依需要用人（10）用人在唯贤

9、用人技巧

（1）伟人用英才（2）晏子论用人（3）礼运智仁勇（4）黄公论智勇（5）萧公论用人（6）不求中选人（7）去无能奸邪（8）不尽信左右

（9）用师而称王（10）录长而补短

10、用人要道

（1）班氏论贤辅（2）萧公论贤辅（3）人才分九品（4）司马光论才（5）萧公论用人（6）循天而顺人（7）除奸而去佞（8）用人慎观审

（9）有真性情人（10）得英豪用之

第五章：人际观 Human Vision
第二讲：事无碍 Practical Stage（实践次第）　6、用人态度

(1) 孔子论君子

　　孔子：「君子喻于义，小人喻于利。」喻于义者，近于名而急于公；喻于利者，乐于得而急于私。

(2) 孟子论用人

　　孟子：「分人以财谓之惠，教人以善谓之忠，为天下得人者谓之仁。是故以天下与人易，为天下得人难。」用人贵贤，尤贵用贤于己者，此须以礼下为先。

(3) 曾公论用长

　　曾文正：「衡人者，但求一长可取，不可因微瑕而弃有用之材。苟于嶢嶢者，遇事苛求，则庸庸者，反得幸全矣。」

(4) 胡公论求才

　　胡林翼：「国家之需才，如鱼之需水，鸟之需林，人之需气，草本之需土。得之则生，不得则死。才者无求于国家，谋国者，当自求之。」

(5) 陆公论长短

　　陆宣公：「人之才行，自昔罕全。苟有所长，必有所短，若录长补短，则天下无不用之人；责短舍长，则天下无不弃之士。」

(6) 左公论用才

左宗棠：「人各有才，才各有用。非知人不能善任；非善任，不得谓之知人。非开诚心，布公道，不能得人之心。非奖其长，护其短，不能尽人之力。非用人之朝气，不用之暮气，不能尽人之才。非令其优劣得所，长短得宜，不能尽人之用。」

(7) 萧公论不用

萧公：「无德者不可用，不仁者不可用，无才鲜能者不可用，贪得争功者不可用，固宠而嫉贤者不可用，恃爱而排挤者不可用，结党以为私者不可用，好利藏诸已者不可用」

(8) 尸子论不治

尸子：「国之所以不治者三：不知用贤，此其一也；虽知用贤，求之不得，此其二也；虽得贤不能尽，此其三也。」

(9) 伟人之用人

「伟人之伟大，不在自我之特殊伟大，而在其能用特殊伟大之人物。」

(10) 举贤而用之

「宜举天下之大才大贤而任之，尤贵先胜于己者而任之；不仅宜朝无倖进，且宜野无弃才；不仅宜朝无小人，且宜野无遗贤。」

第五章：人际观 Human Vision

第二讲：事无碍 Practical Stage（实践次第）　7、用人方法

（1）汉高帝用人

汉高帝：「夫运筹帷幄之中，决胜千里之外，吾不如子房；镇国家抚百姓，给馈响不绝粮道，吾不如萧何；战必胜，功必取，吾不如韩信。吾能用之，故取天下也。」

（2）韩非论君道

韩非子：「明君之道，使智者尽其虑，而君因以断事，故君不穷于智；贤者勅其材，君因而任之，故君不穷于能；有功则君有其贤，有过则臣任其罪，故君不穷于名。是故不贤而为贤者师，不智而为智者正。臣有其劳，君有其成功，此之谓贤主之经也。」

（3）不可用之人

「浮躁者不可用，奔竞者亦不可用。钻营狗苟者不可用，好大喜功者亦不可用；察言观色，以歌功颂德为能者不可用，唯唯否否、毫无主见，复鲜骨气者亦不可用。」

（4）用人与用法

「用人与用法需并重，一力求得才而用，一需善立人事政策、制度、法规，此亦人才登庸进退之权衡尺寸。舍此而言用人，则易流于以关系好恶或私人意志决定人事之弊」

（5）唐太宗用人

唐太宗：「为官择人，不可造次。用一君子，则君子皆至，用一小人，则小人竞进矣。」魏征对曰；「然天下未定，勉可专取其才；丧乱既平，则非才行兼备，不可用」

(6) 用人不用己

「为政而不动根只伤枝叶之法，莫过于用人而不用己一道。因其才而授官，因官授权；因其能而授位，因位授事。因事而责成，计日以程功；因失而责罪，计过以加罚。」

(7) 刘邦用贤能

「用贤尤贵用己所不如之师友。如刘邦用彼所不如之张良、萧何、韩信，故得天下」

(8) 用制度选才

「选贤与能之方，一为教育制度，一为荐举制度，一为选举制度，一为考试制度。」

(9) 不可用原则

「不可徇于党羽、拘于派系、徇于私情、委于亲辟、眩于虚石、拘于资格、违于草野、遗于寇仇；不可求备于一人、责人于不逮；不可执一是以概余、因一眚而弃九；不可以人言而混功实、以毁誉而定去取；不可五日京兆而图功、一年九计而责成；不可释法术而以心治、去纪纲而妄意度。」

(10) 用人当其位

「古者用人，必使德当其位，职当其能，功当其禄，而用当其长。德不当其位，则贤者耻事，圣人高蹈矣。职不当其能，则智者藏谋，勇者藏力。功不当其禄，则智勇者不励。用不当其长，而使牛守门，则不如下犬；虎豹捕鼠，则不如劣猫矣。」

清华大学 强导方培训项目网　　CCEO-A5-B2-07　　*Copyrights 2008 In U.S.A/China by Victor*

第五章：人际观 Human Vision

第二讲：事无碍 Practical Stage（实践次第）　8、用人原则

(1) 用师友为王

古圣：「用师者王，用友者帝，用若己者霸，用不如己者亡。」

(2) 上主以师佐

长短经：「智谋源泉，行可为表仪者，人师也；智可砥砺，行可以为辅警者，人友也；据法守职而不敢为非者，人吏也；当前快意，一呼再诺者，人隶也。故上主以师为佐，中主以友为佐，下主以吏为佐，危亡之主以隶为佐。」

(3) 乱世才重德

「乱世用人，宜才重于德，故首应务揽英雄之心，罗豪杰之士。一可使其为我所用，一可使其不为敌用。」

(4) 治世德重才

「治世用人，则宜德重于才，务揽圣贤之心，罗君子之士。如是方更能光辉已创之大业，开万世之大局，而使天地一归于圣明之化。故马上得天下，而不能即以马上治天下。」

(5) 立事先择人

陆宜公：「将立其事，先择其人。既得其人，填谋其始；既谋其始，详虑其终。终始之间，事必前定；有疑则勿果于用，既用则不复有疑。」

(6) 曾公论器使

曾国藩：「用人不可苛求全材，宜因量以器使。大抵以血性为主，廉明为用，三者不可缺一。」

(7) 管子论四固

管子：「君之所慎者四：一曰大德不至仁，不可以授国柄；二曰见贤不能让，不可与尊位；三曰罚避亲贵，不可使主兵；四曰不好本事，不务地利，而轻赋敛，不可与都邑」

(8) 用人疑不疑

「用人不疑，疑人不用。」 「自信者，不疑人，人亦信之；自疑者，不信人，人亦疑之。」 「信人不坚，难望获取最大之忠诚与效率。人处疑团，是无法获得其死力的」

(9) 依需要用人

「人才原无好坏，而以运用之当否为好坏。运用当，则贩夫走卒歌人妓女皆人才，怨仇素敌皆为我用。运用不当，则英雄豪杰圣贤明俊皆为驽钝，亲近左右皆为反侧。」

(10) 用人在唯贤

孔子：「文武之政，布在方策。其人存，则其政举；其人亡，则其政息。人道敏政，地道敏树。夫政也者，蒲卢也。故为政在人。」

CCEO-A5-B2-09

第五章：人际观 Human Vision
第二讲：事无碍 Practical Stage（实践次第）　9、用人技巧

(1) 伟人用英才

「历史上任何伟大人物之成就，其道无他，只是长于知人，长于用人，能得天下之第一流英才而任使之，并裁其偏至之失，补其短缺之弊，使能发挥宏大其独至与特长之才而已。」

(2) 晏子论用人

晏子：「能以人之长续其短，以人之厚补其簿。」此齐桓公所以霸也。

(3) 礼运智仁勇

礼运：「用人之知去其诈，用人之勇去其怒，用人之仁去其贪。」

(4) 黄公论智勇

黄石公：「使智使勇，使贪使愚；智者乐立其功，勇者好行其志，贪者决取其利，愚者不爱其死，因其至情而用之，此军之微权也。」

(5) 萧公论用人

「用人宜不问人之短，而只求其长。天下无万能齐备之人，只用其人长，以掩其人之短，而补我之短，足我之长，则足矣，斯为用长短之术极则。」

第五章：人际观 Human Vision
第二讲：事无碍 Practical Stage（实践次第） 9、用人技巧

(6) 不求中选人

「用人者，常能留心天下人才，每能于不求者中选用人才，于无请托者中选用人才，并于无人荐举中选用人才，则可省于请托之烦扰，且亦可使人只从事于修德修学养才养能即可矣，不必徒事于人事之结合。且取才之道，亦广大千万倍矣。同时，无于求、无请托、无荐举而被知用，其感服人心又为何如？可知也。」

(7) 去无能奸邪

「用人难，去奸佞邪恶不肖无能之辈亦难。奸者善于辩过饰非，佞者善于奴颜婢膝，邪者善于察色娱形，恶者善于挟下要上，不肖者善于肆应圆转，无能者善于谨饰周旋，故彼等反常被视为忠诚可靠之干部，而易得长上之宠信重用。」

(8) 不尽信左右

「无论任何一个人，都最易为左右之人所潜移，尤其是亲属及宠爱者之潜移力最大，一个伟大的领袖，无不极力避免这一点。一个领袖，如尽信左右之言，则不如无言。」

(9) 用师而称王

故古圣谓：「一用师者王，用友者帝，用若己者霸，用不如己者亡。」此不易之理也！故长短经有曰：「智如源泉，行可为表仪者，人师也。智可低砺，行可以为辅警者，人友也。据法守职而不敢为非者，人吏也。当前快意，一呼再诺者，人隶也。故上主以师为佐，中主以友为佐，下主以吏为佐，危亡之主以隶为佐。」

(10) 录长而补短

故陆宣公说：「人之才行，自昔罕全。苟有所长，必有所短，若录长而补短，则天下无不用之人。责短而舍长，则天下无不弃之士。」曾文正公说：「衡人者，但求一长可取，不可因微瑕而弃有用之材。苟于峣峣者，遇事苟求，则庸庸者，反得幸全矣。」

清华大学 领导力培训项目网 　　CCEO-A5-B2-11 　　Copyrights 2008 In U.S.A/China by Victor Chiang

第五章：人际观 Human Vision
第二讲：事无碍 Practical Stage（实践次第）　10、用人要道

(1) 班氏论贤辅

《白虎通》：「天虽至神，必因日月之光；地虽至灵，必有山川之化。圣人虽有万人之德，必须俊贤之辅。」

(2) 萧公论贤辅

「帝王领袖，不能得俊贤之辅，其伟大亦有所限，能得俊贤之辅，则增其伟大而至于无限。若左右尽为庸才，终将丧其伟大而使本来之伟大暗然无光。」

(3) 人才分九品

傅子：「凡品才有九：一曰德行，以立道本；二曰理才，以研事机；三曰政才，以经治体；四曰学才，以综典文；五曰武才，以御军旅；六曰农才，以教耕稼；七曰工才，以作器用；八曰商才，以兴国利；九曰辩才，以长讽议。此量才者也。」

(4) 司马光论才

司马光：「才德全尽谓之圣人，才德兼亡谓之愚人，德胜才谓之君子，才胜德谓之小人。凡取人之术，苟不得圣人君子而与之，与其得小人，不若得愚人。」

(5) 萧公论用人

「用君子难，用小人易；退君子易，退小人难。君子须礼遇方得为之用，且常合则留，不合则去。小人则名利禄位之所在，予求奔竞之不暇，挥之不去，斥之亦不去」

第五章：人际观 Human Vision

第二讲：事无碍 Practical Stage（实践次第） 10、用人要道

(6) 循天而顺人

「古之善用人者，必循天顺人而明赏罚，循名责实而察周慎。耳目周乎全国，而行事布乎天下，则贤不肖得宜，而受罚死刑者不怨。」

(7) 除奸而去佞

天玄子：「用人之道，先贤举直，固为大本；然除奸去佞，尤为争要。未得贤直，犹不至于乱亡，奸佞在朝，贪枉用政，则其衰乱败亡，可立而待也。」

(8) 用人慎观审

「用人之臧否，非徒在于法制之周密完善，而尤在于用人者，對于人才之分际与观审，能至当而无失，使能得真才而用之，则虽百废待举，而万事自理矣。」

(9) 用真性情人

「用人宜用有血气人，有肝胆人，有真性情人。如唐代开国元勋李绩，有谋有断，从善如流，胜则归功于天下，所得悉散将士。故用人之道，只求有真性情者，便是上选。」

(10) 得英豪用之

「人才之观审当、分际当，则人才之拔取登庸进退，亦可望无失矣。此所以用人在贵得天下贤圣英豪而用之，非在能得天下之奴才，为之仆使也。」

Thldl
领导力培训专家

清华大学

中华国学再造领导力
企业家高级研修班 讲义

CHAN OF CEO

企 业 禅

第五章

人 际 观

第三讲 理事无碍

编讲人：强梵畅
Edited by Victor Chiang
中国北京大学宗教学系 兼任研究员
Research Fellow
Department of Religious Studies
Peking University , Beijing , China

清华大学领导力培训项目网
Tsinghua University Training of Leadership

第五章 人际观 总纲目

第一讲　　　　第二讲　　　第三讲　　　第四讲
理无碍　　　　事无碍　　　理事无碍　　事事无碍

知人态度　　　用人态度　　　御人态度　　　服人态度
知人方法　　　用人方法　　　御人方法　　　服人方法
知人原则　　　用人原则　　　御人原则　　　服人原则
知人技巧　　　用人技巧　　　御人技巧　　　服人技巧
知人要道　　　用人要道　　　御人要道　　　服人要道

11、御人态度
（1）得人者兴盛（2）善知与善御（3）私恩与威怒
（4）大公而无私（5）通上下之情（6）开直谏之门
（7）依法以治人（8）为政要平心
（9）谏官与诤臣（10）韩非论主道

12、御人方法
（1）宽恕之性德（2）荀子引孔子（3）恩威而并济
（4）感恩而图报（5）赏罚之原则（6）知言与辨言
（7）诸葛用恩威（8）我心换他心
（9）御用全在己（10）御用有高下

13、御人原则
（1）萧公论御人（2）君人之体要（3）干部之运用
（4）干部之管理（5）治官之原则（6）韩非主严刑
（7）君用天下智（8）人主须御吏
（9）君经论御吏（10）君经论御吏

14、御人技巧
（1）恩威并济法（2）惠畏相立法（3）严峻之原则
（4）给人留余地（5）赵王御阳虎（6）御人的原则
（7）御人的妙义（8）将心与比心
（9）利己先利人（10）知御人道术

15、御人要道
（1）舍己而从人（2）通上下之情（3）虚怀而纳谏
（4）广接下之道（5）严刑以止贪（6）慎选接班人
（7）君人之要术（8）君经论罚贪
（9）治天下八道（10）立信治天下

第五章 人际观 第三讲 理事无碍

第五章：人际观 Human Vision

第三讲：理事无碍 Judgment Stage（证成次第）11、御人态度

(1) 得人者兴盛

古云：「得人者兴，失人者亡。」事业成功者，不在其本人之特殊天秉，而在其组织、领导群众之才干和器度。巧于用人者，明虽为人用，暗实利用人。

(2) 善知与善御

「天下莫非人也，亦莫非才也，只在你善知、善任、善御而已。苟御得其当，则普天之下，莫非才也；御不得其当，则英雄豪杰，莫非愚也，党羽左右，莫非敌也。」

(3) 私恩与威怒

无逸子：「惟恩不可以私加，威不可以怒行。恩私于亲，则众不服，威行于怒，则众不惧。一般人误认不怒则不威，便妄行其怒，实则无益于威，且损于威，更损于己」

(4) 大公而无私

瑶阶公：「理国家者，不难无人才，而难无公心。创大业者，不难无奇策，而难无真心。」有公心，则贩夫中自有死士；有真心，则拙诚中自生智巧。

(5) 通上下之情

「君人之要术，宜去九弊而通上下之情。下情恒苦上难达，上情恒苦下难知，实乃九弊不去故也。九弊，上有六：好胜人、耻闻过、聘辩给、眩聪明、厉威严、恣刚愎；下有三：诌谀、顾望、畏慑。」

(6) 开直谏之门

陆宣公：「若闻过则羞己之短，纳谏又畏人之知，虽有求理之心，必无济代之效；虽有悔过之意，必无纳谏之名。此则听纳之实不殊，隐见之情小异，其于损益之际，已有若此相悬；又况不及中材，师心自用，肆居人上，以遂百拒谏，孰有不危者乎？

(7) 依法以治人

「不可以人乱法，以人易制，亦不可徒恃法律规章制度以为治体，而尤在能得立法守法执法行法之治人。能得人则政治、社会、经济等重心自立，重心立则万事咸理矣。」

(8) 为政要平心

「须要平心，不平其心，虽好事亦错。平其心，尤须能平其气，平其情。」

(9) 谏官与诤臣

「人主左右，无一谏官，无一诤臣，人主自我作圣于上，群臣称圣称明于下，于是内外不能闻其过，而至于亡，历史上比比皆是也。如宋昭公之例。」

(10) 韩非论主道

韩非子：「明君之道，使智者尽其虑，而君因以断事，故君不穷于智。贤者敕其材，君因而任之，故君不穷于能。有功则君有其贤，有过则臣任其罪，故君不穷于名。」

第五章：人际观 Human Vision

第三讲：理事无碍 Judgment Stage（证成次第） 12、御人方法

（1）宽恕之性德

孔子：「德盛不狎侮；狎侮君子，罔以尽人心；狎侮小人，罔以尽其力。」御人之一最大宝钥，就是一种容饶宽恕之性德。

（2）荀子引孔子

「聪明圣智，守之以愚；功被天下，守之以让；勇力盖世，守之以怯；富有四海，守之以谦。」自古以来，未有爵禄骄人者，而能服人役人者也。

（3）恩威而并济

「欲致人死力，须恩威并济，利害与共。徒恩不足以使人怀畏；徒威不足以使人怀惠。徒计他人之利，而不为己谋，则得人；徒计一己之利，而不为人谋，则失人。」

（4）感恩而图报

「英雄豪杰，难为威屈，难为势折，难为利诱，惟有一恩字，可以深感其心，而及思图报也。惟以恩德对人，尤要出之于至诚，则感人更深也。」

（5）赏罚之原则

陆宣公：「行罚先贵近而后卑远，则令不犯；行赏先卑远而后贵近，则功不遗。」惟赏罚之定准在法，运用之适否则在人。运用当，则为成功之动力，运用不当，则适为失败之媒孽，故不可不慎。

(6) *知言与辨言*

陆宣公：「所谓听言考实者，欲知事之得失，不可不听之於言；欲辨言之真伪，不可不考之於实。言事之得者，必原其所得之由；言事之失者，必穷其所失之理。称人之善者，必详考行善之迹；论人之恶者，必明辨为恶之端。既尽其情，复稽於众。众议实情，必参相得。如或矫诬，亦真明罚。」

(7) *诸葛用恩威*

诸葛亮：「宠之以位，位极则残；顺之以恩，恩竭则慢。所以致弊，实由于此。吾今威之以法，法行则知恩；限之以爵，爵加则知荣。恩荣并济，上下有节，为治之道，于斯著矣。」

(8) *我心换他心*

无逸子又曰：「御人无妙术，在以我心换他心。」你以心待人，人自以心待你；你以心付人，人自以心付你；故能得人心，则御人之要尽矣！

(9) *御用全在己*

下焉者仅能御用在己才力之水平线以下的人，中焉者则能御用与己才力在同一水平的人，上焉者则能御用其才力超出自己才力水平线以上的人。

(10) *御用有高下*

同为御人，而有高下之别：下焉者御人而使人知其为所御，惟无法脱御。中焉者御人而使人不知其为御，故亦不求脱御。上焉者御人而反使人以其为被己所御，故能卖死力求以事之成，而永不虞其脱御。

第五章：人际观 Human Vision

第三讲：理事无碍 Judgment Stage（证成次第）　　13、御人原则

(1) 萧公论御人

「观人无失，乃可以因人而器使之，因器使而御用之。好名者以名御之；好利者以利御之；重道者以道御之；重德者以德御之；清操自守者以清操御之；仁义自任者以仁义御之；有所欲者遂其欲以御之；有所爱者因其爱以御之；或因其智，或因其愚...

(2) 君人之体要

长短经：「设官分职，君之体也；委任责成，君之体也；宽以得众，君之体也；含垢藏英，君之体也。君有君人之体，其臣畏而这之，此帝王之所以成业也。」

(3) 干部之运用

「对于人才的搜罗与荐举，对于工作的计划与意见，可交由全数的干部去共同而又分别去负责；但应有辨别是非善恶的最高能力，同时对取舍与决断之权，必全由自己作由」

(4) 干部之管理

「对左右及班干部之为用，不可不信，亦不可过信；不可不专，亦不可过专；不可不虞，亦不可过虞；不可不备，亦不可过备也。」

(5) 治官之原则

「夫能使人不自为非以欺上者，道行也；使人不忍为非以欺上者，德政也；使人不能为非以欺上者，明察也；使人不敢为非以欺上者，严刑也。」

清华大学 领导力培训项目网　　　　CCEO-A5-B3-08　　　　Copyrights 2008 In U.S.A/China by Victor

(6) 韩非主严刑

「惟韩子主张以明法严刑，使百官万民群知有所劝，有所禁，而群相与为劝善邀功，止罪免刑也。他极力主张人主宜乘威严之势以临下，本明察之聪以烛科。」

(7) 君用天下智

「人主者，戒用己智己能，而贵无智、无能、无为也。无智者，不用私智小智也。藏其智不用，而用天下人之智以为智，则其智自高明莫测，而无可与京矣。」

(8) 人主须御吏

「韩非认为人主御吏之要，在明术数，审参验，端法度，核功罪，循名实，重刑罚」

(9) 君经论御吏

君经：「御吏之要，在广求吏罪，国探吏奸；当法之要，尤须能忍心诛大臣，杀亲贵；一以立威，一以儆百也。」

(10) 君经论御吏

「夫野兔死，走狗烹；飞鸟尽，良弓藏。无诛大臣之勇，无杀亲贵之明，非圣君智主理天下之经也。夫如是，方为简易之治。大臣亲贵惶悚战兢于上，百官万吏戒慎恐惧于下，岂肯有自甘以身试法者哉！」

（1）恩威并济法

「恩威并济，乃御人道术中之一大原则。人不服，我以恩怀之；人怀邪，我以威镇之；人使诈，我以诚感之；人任刚，我以柔胜之；人好犯上，我以德化之；人好作乱…」

（2）惠畏相立法

君经：「御人有二大法门，一使人怀惠，一使怀畏。恩所以使人怀惠也，威所以使人怀畏也。爵赏，所以示恩也；刑罚，所以立威也。赏罚不可滥，滥则恩不生威不立。」

（3）严峻之原则

「对下宁过猛而不可过宽，宁过用威而不可过用恩，宁过重实而不可过重名，宁过深罚而不可过厚赏，宁督责过严考核过勤而不可使法令纪纲有丝毫之废弛也。惟所谓严峻，用系严峻于法之内，而非严峻于法之外，尤在以严峻对官吏以防其作奸犯科。」

（4）给人留余地

陈发交：「待君子易，待小人难，待有才之小人则尤难，待有功之小人则益难。」总要为其留有余地，使其尚有顾惜，便可朝为小人，夕为君子矣。

（5）赵王御阳虎

阳虎尝以「主不贤则饬奸以取而代之」为言，因是天下莫敢用，赵简主却迎而相之。左右劝阻，简主曰：「阳虎务取之，我务守之，其善窃何有于我？」兴赵几至于霸。

CCEO-A5-B3-10　　　　　　　*Copyrights 2008 In U.S.A/China by Victor China*

(6) 御人的原则

揭子宣于兵经中言驭人有云：「人以指气生，才以怒气结，苟行兵必求不变者而后用，天下有几。兵非善事，所利之才，即为为害之才。勇者必狠，武者必杀，智者必诈，谋者必忍。兵不能遣勇武智谋之人，即不能遣狠杀诈忍之人，不用狠杀诈忍之人，又无勇武智谋之人。故善驭者，使其能而去其凶，收其益而杜其损，则天下无非才也。仇可招也，寇可抚也，盗贼可举，而果敢轻法，夷狄远人，皆可使也。」

(7) 御人的妙义

故好人之所好，进而遂其所好；恶人之所恶，进而去其所恶；欲人之所欲，进而成其所欲；乃千古之对人无上妙义。世之人，无不好富践也，而我富贵之；无不欲尊誉也，而我尊誉之；无不恶贫贱也，而我为之去其贫贱；无不恶患困顿也，而我为之解其患难困顿；如斯而不感我德我爱我报我服我者，未之有也。

(8) 将心与比心

不爱我而爱人，不为我而为人，圣人之大事也。邹浩谓：「以爱己之心爱人，则仁不可胜用矣。以恶人之心恶己，则义不可胜用矣。」范纯仁谓：「苟能以责人之心责己，恕己之心恕人，不患不至圣贤地位。」苏东坡谓：「若己为君子，而使人为小人，是亦去小人无义？」

(9) 利己先利人

哲言有之：「爱人者，人恒爱之。敬人者，人恒敬之。」故爱人即所以爱己，利人即所以利己，助人即所以助己，成人即所以成己。反之，薄人即所以薄己，损人即所以损己，毁人即所以毁己，失人即所以失己。此是千古不移之定则。古之举大事成大功者，必为大得人者。能得人助，即能得天助。故香芝谓：「助人即所以自助，济人即所以自济。」

(10) 知御人道术

在世间上，无论你领袖1个国家或1省或1县，领袖一个军队学校或机关团体，甚至是领袖一件小小的事业，只要你是在领导人，便不可通晓而娴熟于御人道术。不但如此，上可以御下，下亦可以御上，此就上下之交而言也。同时，就平安而言，则左可以御右，右亦可以御左，此就左右之交而言也。凡相交即有对待，凡有对待，即必须讲求御人之道术。若就其平易而言之，则御人道术，亦就是对人道术。

第五章：人际观 Human Vision
第三讲：理事无碍 Judgment Stage（证成次第）　 15、御人要道

(1) 舍己而从人

「毋自圣而雄己，毋自高以贱人，毋怙名而钩誉，毋刚愎而自雄；毋骄慢而傲物，毋多事而喜功；毋迁怒而贰过，毋文非而欺人；毋枉法而徇私，毋偏狭而伤公。」

(2) 通上下之情

陆宣公：「夫人之常情，罕能无惑，大抵蔽于所信，阻于所疑，忽于所轻，溺于所欲。信既偏，则听言而不考其实，由是而有过当之言。疑既重，则虽实而不听其言。刚为柔，塞知为昏，变恩为惨，染洁为污；坏了一生人品，故古人以不贪私为宝。」

(3) 虚怀而纳谏

陆宣公：「人主之纳谏也，以补过为心，以求过为急，以能改其过为善，以得闻其过为明。故谏者多，表我之能好；谏者直，示我之能贤；谏者狂诬，示我之能恕。」

(4) 广接下之道

陆宣公：「其接下者，待之以礼，煦之以和，虚心以尽其言，端意以详其理，不示人以给，不自眩以明，不以先觉为能，不以臆度为智，不形好恶以招谄，……」

(5) 严刑以止贪

天玄子：「息奸莫如奖善，止贪莫如严刑。奖大官则小官不效，杀小官则大官不惧。故古有奖善以赏小为明，严刑以诛大为威之训也。」

(6) 慎选接班人

孟子：「以天下予人易，为天下得人难。」此要在明与诚而已。不明则无以达人才之要，孚天下之望，不诚则无以立公平之本，畅天下之际。

(7) 君人之要术

天玄子：「君人之要有八经，曰：尊道贵德，崇法务实，仁民爱物，节用厚生，明礼重义，励廉尚耻，去奸除贪，信赏严刑。八经不张，其国必亡；八经既张，其国必昌。」

(8) 君经论罚贪

君经：「万事皆可忍，尽人皆可容，惟贪者不可容，以其足以亡国丧邦而有余也。此所以历代圣君名宰，均力主严刑峻罚以绳之，不苟宽假也。」

(9) 治天下八道

古云：「治天下者有八道：一曰厚生，二曰蓄民，三曰威信，四曰仁义，五曰法令，六曰无私，七曰任贤，八曰广用。」

(10) 立信治天下

「言必行，行必果，令必行，禁必止；此人主之所以立信也。法不轻变，制不轻改，政不轻易，策不轻更，此亦人主之所以立信也。」

清華大學

中华国学再造领导力
企业家高级研修班 讲义

CHAN OF CEO

第五章

第四讲 事事无碍

编讲人：强梵暢
Edited by Victor Chiang
中国北京大学宗教学系 兼任研究员
Research Fellow
Department of Religious Studies
Peking University , Beijing , China

清華大學 领导力培训项目网
Tsinghua University Training of Leadership

第五章 人际观 总纲目

第一讲 理无碍	第二讲 事无碍	第三讲 理事无碍	第四讲 事事无碍
⬇	⬇	⬇	⬇
知人态度	用人态度	御人态度	服人态度
知人方法	用人方法	御人方法	服人方法
知人原则	用人原则	御人原则	服人原则
知人技巧	用人技巧	御人技巧	服人技巧
知人要道	用人要道	御人要道	服人要道

◆ *16、服人态度*

（1）孔子论服人（2）孟子论服人（3）墨子论服人（4）老子论服人（5）孔子论成人（6）孟子论得人（7）无逸论敬礼（8）服人四原则

（9）诚实以待人（10）孔子之待人

◆ *17、服人方法*

（1）孔子论礼服（2）荀子论礼敬（3）坦诚以服人（4）推己及于人（5）养成服务观（6）居上戒八心（7）虚下以自处（8）至善的规范

（9）君人之体要（10）中庸论至诚

◆ *18、服人原则*

（1）大度而宽恕（2）谦卑而自牧（3）孔子论自谦（4）王公论自傲（5）萧公论戒傲（6）负责而让功（7）恩威而并济（8）自利而利他

（9）以理而服人（10）以公平服人

◆ *19、服人技巧*

（1）西沤论陶冶（2）萧公论服人（3）陶觉论转人（4）谦卑而自牧（5）有礼与有体（6）能包容才大（7）防患于未然（8）舍己而从人

（9）忌师临天下（10）君人之八经

◆ *20、服人要道*

（1）礼记论先后（2）老子论不争（3）杨子论后下（4）玄子论让人（5）道淳论寡怨（6）领袖之修养（7）心大才事大（8）顺天理为大

（9）杨继盛论圣（10）甘地论宽恕

第五章：人际观 Human Vision

第四讲：事事无碍 Successful Stage（圆满次第）　16、服人态度

(1) 孔子论服人

孔子：「以富贵而下人，何人不尊？以富贵而爱人，何人不亲？」
「是故以富而能富人者，欲贫不可得也；以贵而能贵人者，欲贱不可得也；以达而能达人者，欲穷不可得也。」

(2) 孟子论服人

孟子：「以力假仁者霸，霸必有大国。以德行仁者王，王不待大。汤以七十里，文王以百里。以力服人者，非心服也，力不赡也。以德服人者，中心悦而诚服也。如七十子之服孔子也。」服人之要，在以道而不以术，以德而不以力。

(3) 墨子论服人

墨子：「有力者，疾以助人；有财者，勉以分人；有道者，劝以教人。」

(4) 老子论服人

老子：「既以为人己愈有，既以与人己愈多。」惟此须出之以至诚，至德而辅以至诚，其感人尤深。人有德于我，虽一饭之惠不忘；我有德于人，虽救死之恩必忘。

(5) 孔子论成人

孔子：「君子成人之美，不成人之恶，小人反是。」「毁人之善以为辩，狡奸怀诈以为智，幸人之有过，耻学而羞不能，小人也。」

第五章：人际观 Human Vision
第四讲：事事无碍 Successful Stage（圆满次第）　16、服人态度

(6) 孟子论得人

孟子：「尧以不得舜为己忧，舜以不得禹、皋陶为己忧。夫以百亩之不易为己忧者，农夫也。分人以财谓之惠，教人以善谓之忠，为天下得人者谓之仁。是故以天下与人易，为天下得人难。」

(7) 无逸论敬礼

无逸子：「敬礼于人，则人服之；敬礼于神，则神佑之，敬礼于天，则天助之。」

(8) 服人四原则

「一个人处世待人，如能谨守：舍己以为人，亏己以利人，薄己以厚人，损己人益人的四大原则，未有不能使人中心悦而诚服者也。」

(9) 诚实以待人

「人与人相处，总要以诚心待人，以善意迎人，以和气待人，以礼貌接人。无论对师对友，对上对下，总贵以诚实处之。与人以实，虽疏必密；与人以虚，虽戚必疏。」

(10) 孔子之待人

孔子：「躬自厚，而薄责于人。」此是圣门待人心法。其责己也厚，则日进于德，而人皆仰之。其责人也薄，则与人为善，而人皆德之。

（1）孔子论礼服

孔子：「恭而无礼则劳，慎而无礼则葸，勇而无礼则乱，直而无礼则绞。」「身不用礼而望礼于人，身不用德而望德于人，乱也。」

（2）荀子论礼敬

荀子：「仁者必敬人，凡人非贤则案不肖也。人贤而不敬，则是禽兽也；人不肖而不敬，则是狎虎也。禽兽则乱，狎虎则危，灾及其身矣。」不肖者亦宜有礼。

（3）坦诚以服人

「开诚心，布公道。惟坦诚可以格天地，而服鬼神。」如郭子仪功盖天下而主不疑，位极人臣而众不嫉，穷奢极欲而人不之非，示人以坦诚故也。

（4）推己及于人

尸子：「恶诸人，则本诸己；欲诸人，则求诸己。」好人之所好，进而遂其所好，恶人之所恶，进而去其所恶；欲人之所欲，进而成其所欲，乃千古之对人无上妙义。

（5）养成服务观

「惟欲得助于人，则必己先助人，助人即所以助己，吃亏即所以来福。故牺牲自己以服务家庭、朋友、社会、国家、民族、人类之人生观须养成，且使其成习惯，出于自然、发于至诚，有如天赋之本能行为然。」

(6) 居上戒八心

「其中最宜大戒大忌者有八：一曰戒私心，二曰戒傲心，三曰戒偏心，四曰戒伪心，五曰戒妒心，六曰戒疑心，七曰戒躁心，八曰戒动心。」

(7) 虚下以自处

朱熹：「凡事谦恭，不得尚气凌人，自取耻辱。」曾国藩：「君子大过人处，只是虚心而已。」谦卑自牧，必得人心；虚下自处，必受人敬。不以己智以病人之不智，不以己贤以病人之不贤，不以己长以病人之不长，不以己能以病人之不能，皆为载福之道，病人适足以自病而已。

(8) 至善的规范

诗云：「穆穆文王，于缉熙敬止。为人君，止于仁；为人臣，止于敬；为人子，止于孝；为人父，止于慈；与国人交，止于信。」这个仁敬孝慈信，就是人与人交往的一个最高的至善的轨范。

(9) 君人之体要

君人之体要云：「设官分职，君之体也。委任责成，君之体也。宽以得众，君之体也。含垢藏英，君之体也。君有君人之体，其臣畏而为之，此帝王之所以成业也。」

(10) 中庸论至诚

中庸说：「君子尊德性而道问学，致广大而尽精微，极高明而道中庸。」此实可为领袖之最高术境界，所以存性而入圣也。所以博知而益能也。所以容人而容物也。所以通幽而彻微也。所以朗照而无遗也。所以至诚而合道也。

第五章：人际观 Human Vision
第四讲：事事无碍 Successful Stage（圆满次第）　18、服人原则

（1）大度而宽恕

揭子宜：「胜天下者用天下，未闻己力之独恃也。」故量度伟人成功之大小，亦必以一种容饶宽恕之大度去衡之。惟能宽恕人，才能容饶人；惟能容饶人，才能御用人；惟能御用人者，才能完其伟大。「以恨报怨，怨无已时；以德报怨，怨恨斯已。

（2）谦卑而自牧

「劳谦君子，万民服也。」谦卑乃天地之道，人本之以自牧自守，便为可使万民服之诀。有大位而能卑礼下人，故得人；有大功而谦恭下士，故得士。

（3）孔子论自谦

孔子：「君子不自大其事，不自尚其功。」「君子不以其所能者病人，不以人所不能者愧人。」虚为进德之基，自谦为受敬之阶。

（4）王公论自傲

王阳明：「今人病痛，大抵只是傲；千罪百恶，皆从傲上来。傲则自高自足，不肯屈下人。故为子而傲必不能孝，为弟而傲必不能悌，为臣而傲必不能忠。」

（5）萧公论戒傲

「以财势傲人固不可，以学问、爵禄、气色、态度、言语行为傲人亦不可。人之傲骨傲性，只许对上对胜于己者可稍见，对下对平辈对不如己者，则不许有丝毫存在也」

清华大学 领导力培训项目网　CCEO-A5-B4-08　Copyrights 2008 In U.S.A/China by Victor

(6) 负责而让功

周武王：「天视自我民视，天听自我民听，百姓有过，在予一人。」

(7) 恩威而并济

「君人之术，以恩为基，以威为用；以权为本，以势为用。刑而禁之，欲其严刑而重；赏而励之，欲其信而公。理之务求其明，措之务求其简，制之务求其刚，行之务求其果，权务求其重，势务求其峻，柄务求其固，锋务求其利。此八者所以广恩威之大道也」

(8) 自利而利他

「立己达，不足使人尽服也。最要者，在能人欲立则我立之，人欲达则我达之。欲则遂之，利则归之，志则成之，害则免之。我只利人、爱人、尊人，又何患人之不我服也」

(9) 以理而服人

「服人之要，在能以理服人，以恕服人。理明后，自能了当天下万物，岂仅为服人」

(10) 以公平服人

「以次之要，在能以公服人，以平服人。公其心以对人，平其心以对事。对人处事，总宜秤停轻重，求个公平二字，则人未有不服者。毋以公为私，毋以私害公。世间事最怕是不平，不平则鸣，无论严与宽，均是平则服，不平则不服。」

第五章：人际观 Human Vision

第四讲：事事无碍 Successful Stage（圆满次第） 19、服人技巧

(1) 西沤论陶冶

李西沤：「遇欺诈的人，以诚心感动之。遇暴戾的人，以和气薰陶之。遇贪多务得的人，以廉耻奖掖之。遇倾邪私曲的人，以名义气节激励之。天下无不入我陶冶中矣。」

(2) 萧公论服人

天石：「刚者附之以柔，柔者振之以刚；强者抑之使弱，弱者激之使强；怨者平之，怒者解之，恐者安之，畏者怀之；近者正之，远者亲之；危者扶之，困者解之；奔竞者退之，恬淡者进之；有德者立之，有欲者遂之；在贫贱中者拔之，在患难中者济之」

(3) 陶觉论转人

陶觉：「凡待人接物，须是自家作主，切不可因人起见。如人薄我，我亦薄之，则与彼同一识见矣。彼薄我厚，彼慢我敬，彼谤毁，我不谤毁，方能转人，不为人所转。」

(4) 谦卑而自牧

吕坤：「气忌盛，心忌满，才忌露。」盛气最易凌人，心满难期上达，才露易流肤浅，此均为人之大害。故古哲圣贤，莫不虚怀若谷，谦卑自牧也。

(5) 有礼与有体

史揩臣：「待富贵人，不难有礼，而难有体。待贫贱人，不难有恩，而难有礼。」夫礼，不难于始、疏，而难于终、亲。无论对何人，待之以礼，礼而有体，必无怨。

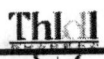
第五章：人际观 Human Vision
第四讲：事事无碍 Successful Stage（圆满次第）　19、服人技巧

(6) 能包容才大
　　一个领袖，最怕是不能大。能大才能包容，才能涵盖、才能持载、才能超越。是我者吾是之，非我者吾是之，得是矣。善我者吾善之，恶我者吾亦善之，得善矣。亲我者吾亲之，疏我者吾亦亲之，得亲矣。誉我者吾誉之，毁我者吾亦誉之，得誉矣。次之，敬我者吾敬之，不敬我者吾亦敬之，得敬矣。爱我者吾爱之，不爱我者吾亦爱之，得爱矣。忠我者吾忠之，不忠我者吾亦忠之，得忠矣。信我者吾信之，不信我者吾亦信之，得信矣。能如此，不但能包容人，且亦能化育人。不但能启导人，且亦能裁成人。

(7) 防患于未然
　　谋国者，尤须有先见之明，先知之聪，以防患于未然，树意于无形也。故户子曰：「祸之始也易除，其除之不可者避之；及其成也，欲除之不可，欲避之不可。治于神者，其事少而功多。君人者之为政治民，如不能理之于未乱，治之于未萌，防患于未然，兴利于不知不觉之中者，则必用力大而见功少，事繁而鲜效，形劳而寡益矣！」而这就需要在远大高明处用功夫。故曰：「惟圣人始能见远而知来，防微而杜渐」也。

(8) 舍己而从人
　　君子之要术，在舍己而从人，正己而正人，故曰：毋自圣而雄己，毋自高而贱人，毋怙名而钩誉，毋刚愎而自雄；毋骄慢而傲物，毋多事而喜功；毋迁怒而二过，毋文非而欺人；毋枉法而徇私，毋偏狭而伤公；毋近利而远义，毋惨刻而害仁；毋悖道而专尊，毋违天而恃盈。

(9) 忌师临天下
　　为人主者，拒忠臣而信邪佞，天下无不乱，人主无不昏也。自古人主之用心，非恶忠臣而喜邪佞也，非恶治而好乱也，非恶明而欲昏也，以其好疑自用，而与臣下争胜也。夫君人者之大忌，在其「自纵作圣」，在其「师临天下」，如是则忠言难入于庭，逆言难入于耳。犯颜为取怨之阶，直谏适求辱之媒。于是左右皆希意顺旨之臣，见接皆阿谀谄媚之辈；如是而欲通天下之实情，获天下之实心，岂可得乎？

(10) 君人之八经
　　天玄子曰：「君人之要术有八经，八经者何？曰：尊道贵德，崇法务实，仁民爱物，节用厚生，明礼重义，励廉尚耻，去奸除贪，信赏严刑。八经不张，其国必亡。八经既张，其国必昌。」夫尊道贵德者，万世之治本也。崇法务实者，为政之急务也。仁民爱物者，得民心之大道也。节用厚生者，致富强之妙诀也。明礼重义者，所以端世风也。励廉尚耻者，所以宏气节也。去奸除贪者，所以正纲常也。信赏严刑者，所以彰功罪也。舍斯八者，治天下而欲不丧乱败亡者，自古以来，未之有也！

(1) 礼记论先后

礼记：「君子贵人而贱己，先人而后己。」

(2) 老子论不争

老子：「上善若水，水善万利物而不争，处众人之所恶，故几于道。」「天之道，利而不害；圣人之道，为而不争。」

(3) 杨子论后下

杨子：「自后者人先之，自下者人高之。」

(4) 玄子论让人

天玄子：「凡事让人一着，则自海阔天空；遇利后人一着，则自有余不尽。」大事大让，小事小让。不但于富贵功名利得之时，能让人；即于毁誉是非曲直之际，言谈意气神色之间，亦能让人一着，便自可减少许多闲意气闲烦恼，过后人亦自服我。

(5) 道淳论寡怨

道淳：「不辱人以不堪，不愧人以不知，不傲人以不如，不疑人以不肖。故曰君子不欲多上人！是亦寡怨之道也。」

(6) 领袖之修养

「领袖人物最高修养有四箴，曰：体天地生生不已之大德，法天地自强不息之健行，养天地清刚浩大之正气，则天地覆盖持载之性量。」

(7) 心大才事大

大程子：「须是大其心使开辟，譬如九层之台，须大做脚始得。」干天下事，非大莫济。孔子处处谦抑，处处请益，总是不敢师临天下，此其所为大也。

(8) 顺天理为大

「一个伟大的领袖，也不可有领袖天下之心，有师临天下之心。天地生物而无生物之心，成物、杀物而无成物、杀物之心，只是一团天理，此其所以为大也。」

(9) 杨继盛论圣

杨继盛：「宁让人勿使人让我，宁容人勿使人容我，宁吃人亏勿使人吃我亏，宁受人气勿使人受我气。人有恩于我则终身不忘，人有怨于我，则即时丢过。」

(10) 甘地论宽恕

甘地：「宽恕是较文明于责罚。惟有在有权力责罚而不责罚之时，才是一种宽恕，在有能力报复，而不报复之时，才是一种容饶。」

www.ingramcontent.com/pod-product-compliance
Lightning Source LLC
Chambersburg PA
CBHW081109170526
45165CB00008B/2389

9781453785034